职业教育融媒体教材

软文营销

叶小濛 高冰洁 张艳艳◎主编

清华大学出版社
北京

内 容 简 介

本书是一本关于新媒体软文营销的教材，共分十个模块，内容包括了解软文营销、创建新媒体矩阵、培养网感、培养文案本能、提报选题、收集文章素材、制作海报和图片、制作动图和视频、搭建文案结构、营销软文撰写技巧、营销软文图文排版。书中提供了大量的软文案例与新媒体运营工具，以帮助读者学以致用。

本书内容全面、结构清晰，各模块学习目标明确，思维导图详细，"直通职场""1+X实训案例""大赛直通车""营销实战""1+X证书理论练习题"穿插分布于各模块中。本书还有配套全面的图片素材、案例素材、在线自测题、教学课件、教学视频、演示动画等教辅材料，为教师提供教学便利。

本书适合作为职业院校新媒体软文营销课程相关专业的教材，也适合从事新媒体运营、自媒体运营、文案编辑、电商运营等岗位的相关人员阅读。

图书在版编目（CIP）数据

软文营销 / 叶小濛，高冰洁，张艳艳主编 . -- 北京：
清华大学出版社，2024. 10. --（职业教育融媒体教材）.
ISBN 978-7-302-67483-2

Ⅰ . F713.50

中国国家版本馆 CIP 数据核字第 20248GF841 号

责任编辑：田在儒
封面设计：刘　键
责任校对：刘　静
责任印制：丛怀宇

出版发行：清华大学出版社
　　　　网　　　址：https://www.tup.com.cn，https://www.wqxuetang.com
　　　　地　　　址：北京清华大学学研大厦 A 座　　　　邮　　编：100084
　　　　社 总 机：010-83470000　　　　邮　　购：010-62786544
　　　　投稿与读者服务：010-62776969, c-service@tup.tsinghua.edu.cn
　　　　质量反馈：010-62772015, zhiliang@tup.tsinghua.edu.cn
　　　　课件下载：https://www.tup.com.cn, 010-83470410
印 装 者：三河市人民印务有限公司
经　　销：全国新华书店
开　　本：185mm×260mm　　　印　　张：9.25　　　字　　数：218 千字
版　　次：2024 年 10 月第 1 版　　　印　　次：2024 年 10 月第 1 次印刷
定　　价：59.00 元

产品编号：103061-01

前　言

随着互联网及移动互联网的迅猛发展，信息获取方式已从传统媒介，如报纸、广播、电视等转变为以计算机和手机为代表的新媒体平台，智能手机的普及进一步确立了移动互联网的主导地位，新媒体已深入人们日常生活的各个领域。

新媒体传播速度快，传播面广，不受地域限制，营销成本低且用户参与互动性强，利用软文在新媒体平台上进行传播，已成为企业与品牌广泛采纳的营销策略。

新媒体传播的方式多种多样，软文营销是其中一种重要方式。企业通过在各种新媒体平台发布关于其产品和服务的宣传文章，塑造了目标用户对企业和产品的正面印象，有助于企业建立良好的声誉并吸引潜在客户，这是一种十分有效的市场推广手段，能够帮助企业在竞争激烈的市场中取得成功，软文营销是一种既节约经济成本又节省时间成本的营销方法，很多企业都很重视新媒体软文营销。

对个人用户而言，软文营销会使消费者获取到的信息更丰富，拥有更多的消费选择，能通过更多、更全面的渠道进行消费。并且一些优质品牌的软文营销能帮助用户节省选择成本，使消费变得更为轻松和实惠。

在日常生活中，软文营销已成为一种普遍化现象，软文营销人才缺口较大，很多中（高）等职业院校已应势开设相关课程，我们策划编写了这本书主要作为中（高）等职业院校授课使用，本书系统地介绍了新媒体软文营销的全过程，旨在帮助新媒体从业者提升其软文营销技能。

党的二十大报告指出，要守正创新，推进文化自信自强，铸就社会主义文化新辉煌。坚持中国特色社会主义文化发展道路，满足人民日益增长的精神文化需求，增强实现中华民族伟大复兴的精神力量。

软文营销本身就是创新，以创新的形式、更低的成本，帮助企业进行产品、品牌营销，通过具体工作实践贯彻落实好党的二十大精神。

本书结构共十个模块，包括了解软文营销、创建新媒体矩阵培养网感、培养文案本能、提报选题、收集文章素材、制作海报和图片、制作动图和视频、搭建文案结构、营销软文撰写技巧、营销软文图文排版。

对于中（高）等职业院校学生来讲，通过本书对软文营销全过程内容的学习已能够适应相关初步岗位的要求，文案、海报、图片、视频、排版技能均能掌握。

软文营销

　　本书由叶小濛、高冰洁、张艳艳担任主编，王志超、张千、黄心琦担任副主编，肖震、张禹、孙邈、高菲等参与编写。鉴于编者的知识和经验有限，加之时间仓促，书中可能存在疏漏和不足，恳请专家和读者不吝赐教。

编　者

2024 年 5 月

图片素材　　　　案例素材

目 录

模块九　营销软文撰写技巧　111

模块十　营销软文图文排版　124

模 块 一

了解软文营销

学习目标

1. 知识目标
   （1）理解软文营销的概念和特点。
   （2）认识软文营销的作用和优势。
2. 技能目标
   掌握软文营销的创作技巧。
3. 素养目标
   学会分辨营销软文。

思维导图

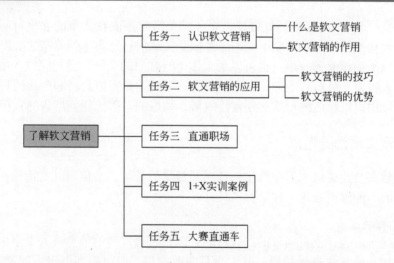

任务一　认识软文营销

一、什么是软文营销

（一）软文营销的概念

教学视频

软文营销（soft marketing）是一种以提供有价值的信息为目的的营销方式。这些信息可以是有关产品、服务或者行业的，目的是要吸引读者的注意力，让他们对所提供的信息感兴趣，并最终购买产品或使用服务。

软文营销是一种内容营销方式，通过撰写丰富、有价值的内容来吸引读者，使之成为客户，而不是通过广告来直接诱导销售。

相对于硬广告而言，软文是基于特定产品的概念诉求与问题分析，对消费者进行针对性心理引导的一种文字模式。从本质上看，它是企业软性渗透的商业策略在广告形式上的实现，通常借助文字表述与舆论传播使消费者认同某种概念、观点和分析思路，从而达到企业品牌宣传、产品销售的目的。

软文是一篇有价值、使人有兴趣看的文章，饱含感情，表达自己，让人信服，能够引起读者共鸣，具有一定的营销隐蔽性。

软文是隐形广告，需要有自己产品的关键词，可以是与业务有关系的营销故事或营销案例等。

软文讲究"软"，需要恰到好处地把企业的关键字镶嵌在文章的字里行间，有绵里藏针之感，让大众不反感，在不知不觉中愿意接受文章信息，而达到营销的效果。

软文可以是一篇业务故事，也可以是工作中与客户的交锋，通过完整的故事情节，体现作者的个人魅力、公司的服务、产品的质量，以此达到宣传自己和产品的目的。

软文可以用口口相传的形式达到宣传效果，良好的口碑比任何广告的宣传效果都好。

（二）软文营销的特点

成功的软文会让受众无形中产生一种感同身受的情绪，会信服其宣传的产品。作为现在采用最多的一种营销方式，软文营销具有以下特点。

1. 营销隐蔽性

软文不同于广告，没有明显的广告目的，而是将要宣传的信息嵌入文字中，从侧面对产品进行描述，属于渗透性传播。其本质是商业广告，但以新闻资讯、评论、管理思想、企业文化等文字形式出现，让受众在潜移默化中受到感染。

如今网络媒体的各个角落都充斥着商业性的文章、新闻、博客、论坛等，读者很难分辨哪篇文章是新闻，哪篇文章是软文，这正是软文存在的最大价值。

2. 营销多样性

由于文字资料的丰富性，传递的信息非常完整，并且不拘泥于文体，表现形式多样，从论坛发帖到博客文章、网络新闻，从娱乐专栏到人物专访，从电影到游戏几乎遍布网络的每个角落，大部分的网络用户都是其潜在消费者。

3. 营销可接受性

软文的宗旨是制造信任，它弱化或者规避了广告行为本来的强制性和灌输性，一般由专业的软文写作人员在分析产品目标消费群体的消费心理、生活情趣的基础上，投其所好，用极具吸引力的标题或话题来吸引网络用户。然后用细腻具有亲和力或者诙谐幽默的文字以讲故事等方式打动消费者，而且文章内容以用户感受为中心，处处为消费者着想，使读者易于接受。尤其是新闻类的软文，从第三者的角度报道，消费者从关注新闻的角度去阅读，信任度高。

4. 营销低成本性

传统的硬广告受到版面限制，传播信息有限，且其投入风险大，成本较高。相比之下，软文营销具有高性价比的优势，信息量大，而且不受时间限制，可以在网站上永久存在。

全球最大的网络调查公司 Cyber Atlas 曾经给出这样的数字：在获得同等收益的情况下，企业对网络营销工具的投入是传统营销工具的 1/10，而信息到达速度却是后者的 5~8 倍。

二、软文营销的作用

软文相对于硬广（即硬广告）而言，是由企业的市场策划人员或广告公司的文案人员负责撰写的"文字广告"。与硬广相比，软文之所以叫作软文，精妙之处就在于一个"软"字，好似绵里藏针，收而不露，克敌于无形。

等到读者发现这是一篇软文的时候，他们已经无意识地掉入了被精心设计过的"软文广告"陷阱里。软文追求的就是一种春风化雨、润物无声的传播效果。

如果将硬广比作少林功夫，那么，软文则是绵里藏针、以柔克刚的武当拳法，软硬兼施、内外兼修，才是有力的营销手段。

软文营销的文字可以不华丽、可以不震撼，但一定要推心置腹说家常话，因为最能打动人心的还是家常话，娓娓道来的文字，一字一句都是为消费者的利益着想。

对于企业，使用软文营销有以下显而易见的好处。

（1）价格低廉。相比其他市场营销的方式，如传统的广告和促销活动，软文营销的成本要低得多。

（2）容易实现。对于有经验的企业，通过采用合适的技术手段，很容易就能实现软文营销。

（3）效果明显。使用正确方法进行软文营销能够带来显而易见的效益，包括增加网站流量、增加注册用户数量以及促进交易额增长等。

软文营销是生命力最强的一种广告形式，也是很有技巧性的广告形式。

任务二　软文营销的应用

软文营销是一种以文字为主要内容的营销方式，软文营销通常以博客、微博、推特等个人发布平台上的信息为媒介，作者将产品或服务进行介绍，吸引读者的兴趣，最终达到营销目的。

软文营销是目前最流行的营销方式之一，它不像传统的广告那样明显地向人们推销产品或服务，而是通过吸引人们的兴趣来实现目的。因此，使用软文营销手段进行推广能够更好地保护企业形象，避免出现"广告误导"的问题。

目前，国内外众多企业都在使用软文营销的方式进行推广，微博、博客、微信、QQ、抖音、小红书等个人发布平台上的日均浏览量在不断增加，利用这些平台发布的信息来吸引读者关注成为一种有效的营销手段。

此外，消费者对传统广告的方式逐渐产生厌倦情绪，在互联网的海量信息中，要想吸引人们的注意力不是一件容易的事情，而且如果一味地使用广告，还会造成消费者反感，对企业造成影响。因此，选择一些有特色、能够吸引人且关注度高的信息作为内容，从而实现对目标客户的有效营销，是一个很好的思路。

一、软文营销的技巧

软文营销并不是简单地将文章写出来再发出去，而是指从前期准备到软文撰写再到效果评估的综合运营管理过程。

1. 目标清晰
目标指的是目标用户，清楚目标用户是哪一类人群，从而根据用户群体画像进行软文准备。

2. 培养用户习惯
发软文、写软文一定是循序渐进的过程，软文不像硬广那样简单粗暴，软文是性价比非常高的广告形式，通过文字潜移默化地影响目标人群的思想。通过长期的循序渐进的宣传，慢慢实现从量变到质变的飞跃。

3. 标题有看点
标题为什么要有看点呢？软文的标题就相当于产品的包装，它决定了用户是否会点击这篇软文。标题一定要言之有物，要有内容，同时也要注意融入文章关键词，再加上具有吸引力的词语。

4. 内容要充实
标题好而内容差，是金玉其外败絮其中，会被用户抛弃。软文追求的是春风化雨、润物无声的效果，从而让用户深陷。只有在植入广告时不仅不会引起用户反感，反而引起用户兴趣，才是真正成功的软文，这要依靠有趣的内容。

5. 投放好的平台
选择好的媒体平台是至关重要的一步，如果选择不当，之前的心血将付之东流。

软文发布平台包括门户网站、论坛、微博、微信等，首选转载率高、权重比较高的渠道，同时要辅助现在一些比较流行的垂直论坛和新兴自媒体渠道，确保软文能达到一个比较好的传播效果。

二、软文营销的优势

软文营销是一种常用的营销手段，它可以帮助企业建立良好的声誉，吸引潜在客户，并促进销售。

软文营销具有较多优势。首先，它可以帮助企业树立积极的品牌形象。通过发布有关企业产品和服务的宣传文章，可以使人们对企业产生良好的印象。

其次，软文营销还可以吸引潜在客户。通过发布与目标客户相关的有价值的信息，可以引起目标客户对产品或服务的兴趣并吸引他们成为真正的客户。

最后，软文营销也可以促进销售。通过向目标客户提供有用的信息，可以使目标客户对产品或服务产生信心，并愿意购买。

总之，软文营销是一种十分有效的市场手段，能够帮助企业在竞争激烈的市场中取得成功。

任务三　直通职场

由于软文营销的特点和优势，它已经成为受到企业、品牌广泛喜爱和运用的有力的市场营销形式，因此，软文营销相关的职位需求量非常大，包括软文编辑、软文运营、软文写作、软文推广、软文营销等。

根据行业、领域的不同，不同职位的具体要求不尽相同，但其核心都要求具备一定的文案写作能力和对各大自媒体平台运营规则有相当的了解和把控能力，相关岗位的招聘文案如图 1-1 和图 1-2 所示。

岗位职责：
(1) 负责宣传文案的撰写；
(2) 公众号及朋友圈运营推广：策划、落地围绕课程内容相关的活动；
(3) 挖掘和提炼公司产品及服务产品卖点，撰写传播软文及微信宣传内容；
(4) 负责公司产品相关栏目、新媒体平台等文章的撰写、编辑、维护工作；
(5) 配合部门主管完成其他运营推广活动的文案编写工作。

任职资格：
(1) 本科以上学历，医学、新闻、中文、生物相关专业者优先；
(2) 具备扎实的文字功底和优秀的语言表达能力，能够独立撰写内容创意方案，熟悉各种形式的文字表达方式；
(3) 善于收集、研究网络热点话题，能够结合当下热点优化营销文案，对文案的点击率和转化率负责；
(4) 能够熟练运用各类编辑排版软件，有优秀的审美能力，能独立完成图文美化排版编辑工作……

岗位职责：
(1) 负责公司新媒体平台（如公众号）内容的日常选题策划及撰写，包括但不限于品牌新闻、推广软文、用户职业/兴趣相关内容，热点事件、话题产生时能够及时跟进撰稿；
(2) 配合完成公司产品卖点提炼，完善宣传资料和宣传文案；
(3) 能够为推广活动提供文案支持；
(4) 完成领导交付的其他工作。

任职要求：
(1) 本科及以上学历，三年及以上相关工作经验，广告、新闻、文学、艺术专业者优先；
(2) 喜欢写作，有一定文字功底，撰文能力全面，能够完成活动推广、创意软文、访谈、深度内容、评论等撰文；
(3) 对设计行业有热情，对设计师人群有理解，能很好地解读产品、洞察用户心理；
(4) 习惯于在网上获取各种信息，有网感，具有较强的创意想法及策略思考能力和审美能力……

图 1-1　招聘文案一　　　　　　　　　　图 1-2　招聘文案二

任务四　1+X 实训案例

（一）任务目标

搜集典型的软文营销案例。

（二）任务背景

（1）搜集到一份完整的典型软文营销案例。
（2）清晰表达出该软文营销案例的内容。
（3）总结归纳出该软文营销案例的特点。
（4）简要说出选择该软文营销案例的理由和选择其成为典型案例的原因。

（三）任务分析

（1）布置任务。将教学班学生按每 6~8 人的标准划分成若干任务小组，每个小组成员搜寻一份典型的软文营销案例。
（2）搜索选择。各小组成员总结归纳自己所搜寻到的典型软文营销案例的特点，列明选择该典型软文营销案例的理由，之后形成典型软文营销案例的实训报告。
（3）课堂陈述。各任务小组成员上交典型软文营销案例的实训报告，由指导老师从每组中选择一份具有代表性的典型软文营销案例的实训报告，并邀请小组代表上台陈述。
（4）评价效果。各小组代表陈述结束后，指导老师点评该典型软文营销案例实训的情况，并由全班同学无记名投票，评选出该次实训的获奖小组，给予表扬和奖励。

（四）举一反三

上述的软文营销技能训练——搜集软文营销案例，可以让同学们表达出案例内容，归纳案例特点，以及选择这一案例的理由。

通过这样目标明确、逻辑清晰的案例分析，能让同学们很好地掌握软文营销需要怎样表达内容、表达什么样的内容，才能更好地吸引受众等内容，为同学自行写作营销软文奠定良好的基础。

任务五　大赛直通车

2020 年 9 月，某网站面向大学生群体举办了"首届自媒体创作与营销大赛"。

（一）主题

（1）以"我的大学""我的校园""我的辅导员""我的朋友"等身边的人或事为主题。

（2）自创主题且主题明确的文章。

（3）软文组参赛细则：撰写带营销信息的文章（将宣传内容和文章内容完美结合的软文是很好的作品）。

（二）内容要求

（1）提交作品须为原创，如发现剽窃现象，将取消参赛资格。

（2）文章字数、体裁和题材无限制，最好使用图文结合的表现形式。

（三）其他说明

（1）插入的图片格式必须为 JPG。

（2）主要考核指标为软文的阅读量 / 播放量、转发量、点赞量、评论量、收藏量。

（四）评审规则

软文组根据阅读量 / 播放量、点赞量、评论量以及收藏量进行综合评分（其中各类数据所占比重分别为：阅读量 / 播放量占 40%，点赞量占 15%，评论量占 30%，收藏量占 15%）。

综合评分 = 最高阅读量（阅读量）× 40% + 最高点赞量（点赞量）× 15%
+ 最高评论量（评论量）× 30% + 最高收藏量（收藏量）× 15%

根据综合评分排序评出一、二、三等奖。

营 销 实 战

软文写作如今已成为各推广人员必须掌握的技能，一篇高质量的软文可以带来高转化率，可以提高品牌知名度，提高网站流量，获得更多的效益。一篇高质量的软文是双向的，不仅可以推广品牌，还能让客户得到他们需要的内容，了解宣传的内容。

软文营销实战：怎样才能写好一篇软文？

（一）软文标题

标题应该让受众第一眼看到就有继续点击下去的欲望，且标题要跟相应关键词和品牌名有关，这样效果会更好。不管软文内容如何，如果不能引起读者兴趣点击阅读，则这篇软文就没有任何营销效果。标题一般可以从以下几个维度构思。

按人物：如《华为胡厚崑：推进 TECH4ALL 数字包容倡议，科技助力教育普惠》。

按热点：如《谷歌 Chrome 浏览器已用上 Windows 10 最新功能：优化内存占用问题》。

按下载量：如《×××上线一周下载量突破两千万》。

按奖项：如《×××凭借三点优势获得豌豆荚设计奖》。

（二）软文正文

一篇优秀的软文应该从用户体验分享的角度去写，明白他们的消费心理，使他们从文章里产生共鸣。

例如，在写一篇关于化妆品的软文时，就要考虑怎么写才能让用户放心地买下这款化妆品，因此不能以卖家的口吻去写，而应以自己亲身体验过后的效果加分享的方式介绍这款化妆品。

编写软文时要确保文章符合大众群体的利益和普遍的道德标准，不能引人反感，同时要保证文章内容立意新颖，不去抄袭网络上的言论或观点，并且文章内容要与营销目标相契合，与之无关的热点话题不必涉及。

（三）软文结尾

软文的结尾应该是"承上启下，总结归纳"，并不是生硬地彻底结束，而应给用户一个遐想的空间。在文章的结尾处加上相关关键词，这样才算一篇好的软文。

仅靠一篇软文就想达到理想的营销效果并不容易，软文营销是持续性的，不断试错，不断优化，在实践中追求和总结"真理"，"真理"才会逐渐逼近。即使掌握了软文营销的技巧，也应持续发稿，因为信息展现越多，被阅览和关注的概率越大。

1+X 证书理论练习题

单选题

1. 下列关于软文的说法不正确的是（　　　）。

A. 它是相对于硬性广告而言的，是一种隐形的广告，也是最有力的营销手段

B. 由企业的市场策划人员或广告公司的文案人员来负责撰写的"文字广告"

C. 软文不属于广告的范畴

D. 追求的是一种春风化雨、润物无声的传播效果

E. 软广告所具有的科普性、知识性、新闻性使读者愿意接受这些信息，并从中了解一定的知识，让读者不知不觉地记住了该产品和品牌，且不会产生反感心理

2. 在软文中设置有效的关键词，下面说法错误的是（　　　）。

A. 关键词是描述品牌、产品、网站或服务的词语

B. 通过长期的观察和去除，除去一些没人使用或较少人使用的关键词

C. 关键词可以随便选择，越多越好

D. 选择适当的关键词是增加搜索量的第一步

E. 选取那些常为人们在搜索行业或产品时所用的关键词

3. 软文的目的和宗旨是（　　）。

A. 推销产品 　　　　　　　　　　B. 推销服务

C. 制造需求和引导消费 　　　　　D. 感受体验

4. 软文创作最忌讳的是（　　）。

A. 论文式软文，理论性太强，没吸引力

B. 无病呻吟，缺乏趣味和销售力

C. 缺乏真实性

D. 没有一个核心卖点

5. 与硬广告相比，软文的精妙之处在于（　　）。

A. 有声有色，具有动态性

B. 传播速度快

C. 经常反复出现以增加公众印象

D. 将宣传信息嵌入文章内容，绵里藏针，克敌于无形

参　考　答　案

1. C　　　　2. C　　　　3. C　　　　4. D　　　　5. D

在线自测题

模块二

创建新媒体矩阵培养网感

学习目标

1. 知识目标
   （1）理解如何进行新媒体定位。
   （2）认识互联网网感及其误区。
2. 技能目标
   （1）学会创建新媒体矩阵。
   （2）掌握培养互联网网感的方法和步骤。
3. 素养目标
   （1）学会分析新媒体平台用户画像。
   （2）尝试运营新媒体矩阵。

思维导图

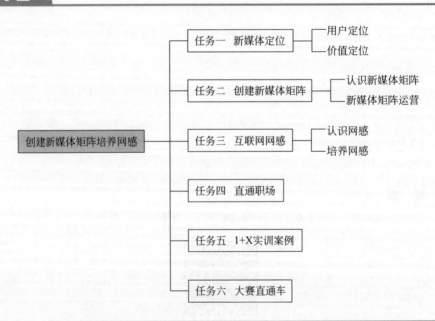

任务一　新媒体定位

模块一中的软文营销的技巧中，五个步骤的最后一步是投放好的平台。在如今的移动互联网大背景下，要选择适宜的新媒体平台，需要考虑新媒体平台的定位，分析平台的用户定位和价值定位，看平台是否与自身的行业领域、品牌产品服务相契合。

教学视频

一、用户定位

分析某新媒体平台的定位时，通常会考虑它的整体属性、内容输出方向、增长方式和变现模式等，这些都与平台的用户定位紧密相关。

（一）用户画像

用户画像又称用户角色，是一种勾画目标用户、联系用户诉求与设计方向的有效工具。用户画像是新媒体运营工作的起点，并且为用户运营确定整体方向。

用户画像并不神秘，它将用户在网上留下的各种数据收集起来，并将其处理为一系列标签。例如，猜测用户来自哪里，薪水多少，在双十一进行购物的用户是男性多还是女性多，以及商店橱窗中哪种产品的购买量最大。

简单来说，提炼用户画像就是针对以下三个问题的循环研究过程，即 who——用户是谁；where——用户在哪里；what——用户在做什么。

解决第一个问题——用户是谁，即分析固定属性。固定属性即用户的基本特征，这些特征在短时间内不会发生变化，包括用户年龄、性别、职业、地区、学历等。

解决第二个问题——用户在哪里，即分析用户路径。用户路径即用户的互联网浏览喜好，包括打开频率较高的聊天软件、常用的搜索网站、购物喜好平台等。

解决第三个问题——用户在做什么，即分析用户场景。用户场景即用户在某特定场合或特定时间的动作。例如在早上起床、上下班路上、晚上睡前等场景内，用户如何学习、如何娱乐等。

因此，提炼用户标签也可以用一个公式来描述：

$$用户标签 = 固定属性 + 用户路径 + 用户场景$$

研究完用户固定属性、用户路径及用户场景后，提炼出关键词，就形成了一套完整的用户标签。

（二）用户画像的作用和注意事项

1. 用户画像的作用

（1）降低企业获客成本，实现精准营销。

（2）增加企业的用户资产。

（3）推动供需关系变革。

（4）细分市场。

2. 用户画像的数据来源

（1）外部数据：行业网站、百度、微信指数。

（2）内部数据：自身 App 数据、微信、微博。

（3）用户需求：可以根据用户的需求来确定画像，包括后台留言、社群聊天、问卷调查、电话访谈、线下约谈等。

3. 注意事项

需要注意的是，用户画像并不是一成不变的，很多人因为工作的变动、环境的变化、兴趣的改变，针对的目标用户可能也会发生变化。因此，用户画像需定期更新，一般 3 个月为一个周期。

二、价值定位

从新媒体管理的角度看，新媒体发展的周期分为启动期、成长期、成熟期、瓶颈期，无论哪一时期，都要向粉丝传递自己的价值所在，做好新媒体的价值定位，不仅决定了新媒体的整体方向、模式运营方向，对于后期的平台管理、活动策划、增长和变现，都有很重要的指导意义，如图 2-1 所示。

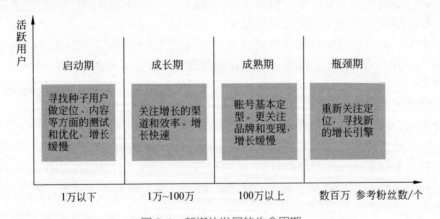

图 2-1　新媒体发展的生命周期

价值定位是新媒体定位很重要的一个方面，简单来讲就是运营这个新媒体的价值取向，主要包括社会价值和商业价值两方面，具体又可以分多个价值维度，在此仅做简单探讨。

以公众号为例讲解新媒体价值定位。基于公众号的价值和商业盈利转化模型，将公众号分为以下三类。

1. 产品服务

以用户为中心：核心提供产品。

核心指标：付费用户数。

用户矩阵：App、微信、小程序。

盈利模式：产品增值服务。

以做产品平台的思路做公众号，如微路况、千聊、一块听听、印象笔记、助理来也、滴滴等。

2. 媒体品牌

以读者为中心：核心提供内容。

核心指标：传播量。

流量矩阵：各类媒体平台。

盈利模式：广告为主。

偏媒体定位的公众号是常见类型，该类公众号能成为人群谈资，宣扬态度，提供温度和深度，展示个性，如虎嗅。

3. 商品售卖

以客户为中心：核心提供商品。

核心指标：商品总交易量（GMV）。

商城矩阵：淘宝、有赞。

盈利模式：商品售卖。

举例：乐纯酸奶、小罐茶。

新媒体的价值定位会随着市场策略的变化而改变，如美丽说，前期以售卖商品为定位，核心指标以 GMV 为主，后来公司冠名电视节目，新媒体价值定位调整为媒体属性，更加重视传播效果。

除了用户定位和价值定位，新媒体运营的定位还包括产品定位、内容定位、品牌定位等多个维度的定位。企业新媒体的定位要与企业定位相匹配，政务新媒体的定位要与政府传播定位相匹配，自媒体也需要科学准确的定位。

在新媒体运营之前和初期要有一个基本定位，定位越清晰运营主动越有效，可以避免运营中的盲目性。所以明确新媒体运营的定位，然后着手去做内容或者活动，才会有事半功倍的效果。

任务二　创建新媒体矩阵

新媒体平台越来越多，如微信、微博、抖音等各种 App，有一个概念开始被频繁提及——新媒体矩阵。

教学视频

一、认识新媒体矩阵

新媒体矩阵是针对用户的附加需要提供更多服务的多元化媒体渠道运营，以增加自身影响力，获取更多忠实用户，以实现变现这一最终目的的运营方式。

（一）新媒体矩阵的分类

对于新媒体矩阵，目前行业内还没有统一的定义，通常将它理解为"能够触达目标群体的多种新媒体渠道组合，是一种多元化的媒体形式"。

搭建新媒体矩阵，首先要明白矩阵是什么，"矩阵"原本是一个数学概念，指一个排列成长方形阵列的复数和实数集合。矩阵有横向矩阵和纵向矩阵两种类型。

1. 横向矩阵

横向矩阵是指全媒体平台的布局，包括自有 App、网站和各类新媒体平台，如微信、微博、今日头条、一点资讯、企鹅号等，也可以称为外矩阵。将常用的一些媒体平台整理归类，如图 2-2 所示。

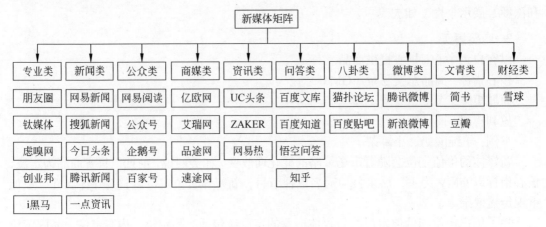

图 2-2　横向矩阵

2. 纵向矩阵

纵向矩阵主要指企业在某个媒体平台的生态布局，是其各个产品线的纵深布局，也可以称为内矩阵。这些平台一般都是大平台，如微信。在微信平台可以布局订阅号、服务号、社群、个人号及小程序，如图 2-3 所示，列举了微信、今日头条和微博的部分纵向矩阵。

微信	今日头条	微博
订阅号	头条号	微博故事
服务号	抖音	新浪看点
社群	悟空问答	秒拍视频
个人号	西瓜视频	一直播
小程序	火山小视频	爱动小视频

图 2-3　纵向矩阵

（二）新媒体矩阵的作用

搭建新媒体矩阵的作用主要体现为实现内容多元化、分散风险、协同放大宣传效果。

1. 内容多元化

每个平台都有独特的内容风格，公众号以图文为主，微博以 140 字内的短状态加照片为主，抖音以 15 秒到 1 分钟的视频为主。企业搭建新媒体矩阵，在多个平台上建立账号，可以使内容形式多元化，吸引不同受众群体。例如，共青团中央入驻年轻人聚集的 B 站，发布原创视频吸引年轻用户的关注，用户可以发弹幕进行评论。

2. 分散风险

企业集中在某一平台运营，如果不幸出现"黑天鹅"事件，例如账号被禁用，则会前功尽弃。2017 年 6 月，一些在微博拥有众多粉丝的账号遭到永久封禁，其中有些企业为降低账号禁用带来的损失，在之前就开发了相关 App，及时把粉丝引导到新平台，因而封号的负面影响程度被降低。建立矩阵也是纳西姆·尼古拉斯·塔勒布在《反脆弱》一书中提到的遇到波动和不确定性的情况下一种可靠的解决办法。

3. 协同放大宣传效果

建立矩阵后，不同平台的产品及调性可以形成互补。例如进行事件营销，可以先在微博上造势，再在微信上进行转化，最后在今日头条等媒体网站分发品牌公关稿以达到协同放大的营销效果——用户可能在微博上看到品牌宣传，对这个品牌形成印象，后来又在微信上看到该品牌的宣传，更容易产生消费的冲动。

二、新媒体矩阵运营

运营新媒体矩阵本质上是建立品牌与用户的有效连接，精准触达用户，通过内容引流，让产品和服务更快、更好地解决问题。目前，大小企业都在尝试如何在多个平台进行更低成本、更高质量的品牌传播。

那么该如何搭建自己的新媒体矩阵呢？首先要区分自己的用户群体，洞察自身用户画像，根据不同新媒体平台的特点去有侧重地孵化，按照不同平台的算法规则和调性调整具体内容。正所谓"知人者智，自知者明"。用户在哪里，品牌产品就在哪里。用户喜欢什么，品牌就给用户看什么。让好的内容，通过好的方式传达给用户，产生好的效果。

在合理地选择平台后，接下来就要因地制宜地进行新媒体平台的运营。例如微信，目前活跃账户超 12 亿，巨大的用户群体，就像一座巨大的富矿。作为如此庞大流量的社交平台，微信生态仍然不可替代，随着功能迭代，也出现了新的运营元素，如何进行技术和内容的有效结合，成为制胜关键。公众号、视频号、社群、朋友圈、小程序、客服号（包括企业微信），这些都是微信生态中的一环，也是企业可以布局利用的新媒体工具和资源。

如果微信适合传播品牌文化、提供服务价值，那么微博就是品牌话题营销和事件营销的绝佳载体，能够快速拉升品牌声量。从微博的官方品牌定位"随时随刻，发现新鲜事"就可以看出，微博作为社交媒体，基于其社会化自传播的特性，传播速度极快，所以对于企业，品牌入驻和内容发布也要符合平台特性，满足用户的兴趣心态，要更注重发布即时性、舆论传播性。

在运营各个新媒体账号时，要围绕"差异化、重内容、追热点"三个方面去运营，对每个平台表达的内容、活动的流程以及对各个环节的流程，要有清晰的把控，从而建立一

个良好的操作管理路线，建立一个合理有序的新媒体矩阵。

目前，常见的新媒体平台有很多，如微信公众号、今日头条、小红书、知乎、微博等，这些平台都有各自的优势和缺陷，而形成新媒体矩阵后，可以做到有效的互补，结合各平台优势，相互推广引流，协同放大宣传的效果。

企业在布局运营新媒体矩阵时，需要思考新媒体矩阵能否为用户带来实际价值，提供优惠或者其他增值服务；能否为企业塑造良好形象，提高影响力，建立品牌调性；能否为产品带来营销价值，提高用户的心理消费预期。如果以上三点都能做到，则这个新媒体矩阵搭建成功。

任务三　互联网网感

一、认识网感

网感是一个比较虚幻的概念，甚至无法用精准的语言对其进行描述，但是在新媒体运营过程中却偏偏少不了它，尤其在做内容运营时，内容运营看似门槛不高，但是想做好却不容易，想要写出爆款文章，一定不能缺少网感。

（一）什么是网感

网感是对网络内容的敏感度、感知能力，可以理解为一种网络悟性，对当下市场舆论话题进行深入洞察和把握后，更容易写出爆款文章。

网感好的人，通常可以利用已有的热点获取关注度。他们通常见多识广，聊新鲜话题，会调侃热点，说话有趣，见解独到，还盛产金句。

网感是互联网人必备的软技能，当一个新内容出来，要能够迅速判断出它是否能成为热点，受众会有着怎样的反应。尽管网感这么重要，但也无法用公式或速成的方法训练得来。

（二）网感误区

假如只在互联网上捕捉"网感"，得到的往往是过时的网络热词热句，这样只能成为一个有"二手网感"的人。

因为只能看到别人思考的结果，而没有学到别人思考的过程。这正是很多人容易犯的网感误区——做热点的奴隶，强行把网络语言、流行热词生搬硬套。

一篇百字文章，堆砌几十个网络热词，是很多人伪装网感的主要手段，而这也是很多人甚至整个行业的共识。

但这种做法不会带来任何差异化和积累，因为去除那些热词，整篇文章就将变得内容空洞，毫无吸引力。

2020 年和 2021 年的热词如图 2-4 和图 2-5 所示，但在 2022 年使用频率却大幅下降，为什么呢？因为它们落伍了。为什么这些热词热句会快速凋零？因为它们基于热点事件产生，而非基于生活现象和人性洞察，所以它们极易被替换，因此写作不能依附它们，而需要自己去创造。

图 2-4 2020 年热词

图 2-5 2021 年热词

第一手的网感，应该修习于这个时代的每一个角落，在家里，在教室，在寝室，在办公楼，在街头，在饭馆，在地铁公交上，在电影电视里，在一切有人、有社交、有故事、有对话的地方，因为生活和人性本身，才是喷涌"网感"的泉眼。

以网感塑造文章个性，是写作中的重大陷阱。热词会消失，而网感不会。网感的核心，不是热词集锦，而是基于人性洞察的创新表达；网感不是把热点做成看点，而是把看点做成热点。

网感本质上仍是制造人们爱看爱聊的内容看点，而这来自对读者或用户需求点的洞察，也来自对自身内容的定位和调性把握。

人们认为热点更新迭代速度过快，很难及时追踪，因此写出具有网感的文字难度太大。但事实恰恰相反，网感的细胞会一直生长于充满活力、保持进步、有独立思考力的人身上。

二、培养网感

尽管网感虚无缥缈，它仍然有迹可循，通过持之以恒地积累素材、写作训练仍可以培养并提高自身网感。

训练网感的方法大致有四个步骤，按照先后顺序，分别是寻找热点、素材积累、关联

练习和实践反馈。

1. 寻找热点

寻找热点没有捷径,需要勤奋多看,目前各大平台都有自己的热搜榜,微博、知乎、贴吧、抖音、头条、豆瓣等,可看到当前讨论度最高及正在爬升的新话题。

但每个平台受欢迎的内容有时并不相同,如果每天把大量时间耗费在刷新闻看热点上,反而会产生负面影响。

可以选中 2 ～ 3 个优质平台,熟悉平台的内容规则和爆款文章的具体套路,关注相关账号,至少每天花半小时到一小时的时间完全浸泡其中,慢慢培养积累自己对热点和对该平台的敏感程度。

直到有一天能以 80% 的准确率判断出哪些话题内容会在这个平台成为热点,以及它能持续的时间和跟进热点的最佳时机,说明之前积累的网感基础已经足够深厚。

2. 素材积累

在寻找热点的过程中,除了要感受平台的氛围调性,也要做个人的素材积累。

素材积累一般是有时间线的,某些公众人物的早期微博、话题可及时收录保存,当下次再有相关的热点出现时,可拿来直接使用。

但也有些素材是可以每年重复使用的,如某些节日、重复的社会议题(高考、考研);还有一些话题间隔一段时间后就可以再次利用,如情感共鸣类的热点。

常见的素材积累的方法,包括文件夹分类、表格整理、思维导图等。

3. 关联练习

关联练习是这四个步骤中最重要的一步。

首先是平台与平台之间的练习,接着是平台与呈现载体之间的练习。平台与平台指在某个平台看到的一个有趣的讨论点,迁移到其他平台不一定同样会产生一番讨论。平台与呈现载体指某文章在 A 平台呈现出一个热门话题,在 B 平台则可以视频形式来输出个人的看法和观点。

关联练习的日常训练方法分两种,第一种是在头脑中开展的练习,第二种是在实践中开展的练习。

头脑中开展的练习,即发动大脑多思考热点之间的关联性,热点呈现的多种可能性。实践中的练习,则是指有所输出,自己去试着写一篇文章、做一个视频、发一条微博,看看会获得什么样的结果。

4. 实践反馈

实践反馈是关联练习的继续,如果是在头脑中开展了无数次的练习,如何来确定关联的有效性?可以去看别人是怎么关联的,他们的数据表现怎么样,从中学习经验并进行总结。

如果是个人的实践,反馈来自于真实的平台受众,观察数据表现,看是否符合发布前确立的数据预期;如果数据表现平平,则应思考原因有哪些,其他相似的内容为什么数据表现更加突出呢?

通过反复试错,可以更快地建立真实的网感。

因此,如果在日常生活中能做到前两步,并不断重复后两步,则不仅能培养出特有的网络感知力，而且内容创作能力也会得到大幅提升。

同时还可以进行大量的情商训练，通过丰富的案例经验获取，时时刻刻地对生活进行揣摩和领悟，网感就像空气、像水、像阳光，无处不在，却又无法意识到它的存在。

它也许藏匿在字里行间的某个角落，也许在某一张图片上，也许在某一个令人惊讶不已的热点新闻里。

网感培养的练习，并不意味着模仿借鉴，重点是剖解人性后的创新，运用传播规律，把自身创作的内容变成热点。

任务四　直通职场

软文营销选择投放平台时需要考虑分析平台的定位，不仅要投放单一平台，还要创建新媒体矩阵并学会运营，主要对应"新媒体运营"这个岗位。

新媒体运营比软文营销、软文推广之类的岗位更宽泛，也可以理解为后者属于前者。

新媒体运营是通过现代化移动互联网，运用抖音、快手、微信、微博、贴吧等新兴媒体平台工具进行产品宣传、推广、营销的一系列手段。

通过策划品牌相关的优质、高度传播性的内容和线上活动，向客户广泛或者精准地推送消息，提高参与度，提高知名度，从而充分利用粉丝经济，达到相应的营销目的，相关岗位的招聘文案如图 2-6~ 图 2-8 所示。

职位详情

内容运营	文字内容生产	内容挖掘与分发

创作者运营	五险一金	年底双薪	餐补

晋升空间

【岗位职责】
(1) 负责私域渠道的内容素材产出，挖掘和探索内容传播方向，深入用户生活场景和消费需求打造内容，对互动数、转化率、浏览量等关键数据负责。
(2) 能够主导私域渠道内容的方向，帮助实现业务目标。主动策划具有影响力的事件营销，逐步建立消费者对品牌的信心。
(3) 结合时下热点，根据需求输出有创意的图文内容，负责多平台内容分发运营，包括人设打造、内容撰写、活动输出等。
(4) 新媒体内容运营，及时发现及预判热点，掌握微博/小红书/抖音/微信的平台最新玩法，能够实现优质内容的发掘及外放。

职位详情

团队管理经验	策划热点事件

岗位职责：
(1)公司新媒体矩阵建设及运营，建立高效运作的新媒体推广体系、短视频及直播体系、内容运营规则等，新媒体渠道包括不限于抖音、公众号、短视频、小红书、B站等；
(2) 带领团队负责新媒体的策划，包括选题挖掘、内容策划、视频拍摄剪辑、用户运营等，并根据热点策划创意的营销事件；
(3) 通过新媒体渠道和活动，进行引流、拉新、提升粉丝量、阅读量等，完成既定的粉丝活动目标；
(4) 不断优化提升新媒体体系，不断提升项目的整体收益。

图 2-6　招聘文案一

图 2-7　招聘文案二

职位详情

微信公众号运营　　小红书

岗位职责：
(1) 根据每月活动负责品牌公众号、推文的发布计划及推文撰写、发布；负责微博、小红书渠道的运营及推广；
(2) 负责撰写产品宣传、描述文案和商品广告文案；各种促销及营销策划方案和实施方案；
(3) 收集、研究网络热点话题，结合新媒体特性，对微博、微信内容进行实时更新和运营，增长粉丝量；善于捕捉社会热点，结合品牌及产品形成营销创意方案；
(4) 负责市场运营管理和数据统计分析，并做出对应解决方案；了解、分析、反馈市场竞争情况；
(5) 通过各推广渠道、媒介、App 等进行获客，对拓客、新客到店结果负责。

图 2-8　招聘文案三

任务五　1+X 实训案例

（一）任务目标

"某某说"新媒体矩阵搭建。

（二）任务背景

"1+X"自媒体运营职业技能等级证书、"1+X"新媒体运营职业技能等级证书明确要求掌握新媒体矩阵的搭建和运营。

（三）任务分析

"某某说"新媒体矩阵（图 2-9）面向的人群年龄主要分布在 18~30 岁，外矩阵为微博和 QQ 空间，凭借当时 QQ 空间的红利期很快就吸纳了超过 2 000 万的用户，后来又开通了微信订阅号。

到增长期，微信的内矩阵因为功能或人群初步分化形成并添加了服务号。外矩阵方面"某某说"开发了百度贴吧，外矩阵已经形成。

至成熟期，外矩阵主要开发新兴流量平台，同时微信内矩阵进一步进行细分，2015 年"某某说"入驻微信钱包的九宫格。

矩阵	属性	账号名称				运营对象	目的
微信矩阵	偏媒体	某某说				年轻女性	媒体传播
		某某说HIGO				高级白领	媒体传播
		微信钱包入口				年轻女性	卖货
		某某说服务中心				年轻女性	卖货
		某某说黑板报				社会各界	媒体传播
外部矩阵	偏媒体	QQ购物号	App图文	某某说微博	百度贴吧	年轻女性	卖货
		QQ空间		HIGO微博		高级白领	媒体传播
				CEO微博		社会各界	

图 2-9 "某某说"新媒体矩阵

（四）举一反三

从"美丽说"的案例可见，在新媒体的发展阶段中，新媒体矩阵并非一开始就得搭建成功，不同阶段的重心不同。

偏媒体品牌的新媒体，在启动期搭建外矩阵主要以尝试为主，在有红利的新平台尝试，微信内的矩阵搭建则需先建立一个账号，找到核心发力点。

任务六 大赛直通车

由四川省委宣传部指导、四川省教育厅主办的"2022 年四川省大学生新媒体创意大赛"于 2022 年 6 月 30 日面向省内外普通高等院校学生举办。

大赛设置五类赛项：短视频类、H5 类、新媒体创意写作类、四川观察"最具网络人气奖"、印度尼西亚三一一大学孔子学院"巴蜀文化国际传播创意奖"。2022 年 7 月 1 日—2022 年 10 月 25 日提交作品。

其中，新媒体创意写作类旨在鼓励大学生基于新媒体阅读环境，完成有创新精神的高质量写作，可以在大赛主题范围内，提交各垂直领域的深度新媒体文章，其评分标准如表 2-1 所示。

表 2-1 新媒体创意写作类评分标准

评 分 项 目	评 分 要 点
立意（20 分）	主题明确，紧扣大赛主题，传递信息清晰准确
结构（10 分）	结构清晰，能扣紧主题，体现高统一性，有逻辑、无冗赘感，反对爆款行文套路
信息量（15 分）	展现出对某一领域的知识储备、较强的认知水平与思辨力
文字能力（15 分）	用词精准，呈现出对文字的掌控力，文笔优美

续表

评分项目	评分要点
创新性（20分）	切入角度有新意，提出了新想法、新观点，文章结构新颖，有自己的文字风格，具有开创性
人文关怀（10分）	对内部和外部世界有观照，对读者有启迪
惊喜感（10分）	给读者以全新的阅读感受和惊喜体验

在大学生新媒体大赛中对文章写作的具体要求中，对文章立意、文字能力、文章创新性要求尤其高，这也是网感培养和运用的关键。

营销实战

面向大众，专注提供简单医学科普内容的微信公众号"丁香医生"，2019年粉丝数已超过300万，新榜中健康类月榜单排名第1位，公众号已进入成熟期，当公众号体量越来越大时，随着用户的增多，必然要进行分层运营，这使搭建新媒体矩阵成为必经之路。

丁香医生对用户属性做了细致分析，将用户人群准确细分为以下几类。

（1）健康群体：多数人为20~40岁，想了解日常的养生科普，也有部分人想更好地了解父母健康状态。

（2）妈妈群体：涵盖备孕、怀孕、生产、育儿等不同阶段，以0~3岁低龄新手妈妈为主，教育层次较高。

（3）中老年群体：想了解专业准确的健康知识、慢性病控制的保健知识，领域更加垂直细分。

（4）医务工作群体：18~34岁，男女均衡，医院各科室的医务工作人员和医药类在校大学生，以医生为主。

（5）医院及相关药企群体：医院以及相关药企的科研、企业管理以及招聘人员。

在此基础上，丁香医生的微信生态内矩阵搭建了包括微信订阅号、服务号总计68个，微信小程序12个，外矩阵搭建了包括新浪微博、抖音、今日头条、悟空问答、知乎、B站、搜狐、网易、百度百家号等平台的多个账号。

内、外矩阵的不同账号，其定位、属性、运营对象、运营策划、运营手段、运营价值也各不相同，如图2-10所示。

丁香医生在人群足够细分的赛道上，根据人群、内容属性再度细分，让颗粒度更小。矩阵里的每一个号都是一档垂直的栏目。

丁香医生在新媒体上奉行"最小可行性产品"的测试方法，把平台的趋势和自身的优势结合起来，在尝试的过程中不断调整。如果一个产品的效果好，则会持续增加投入，反之可能会完全放弃。

矩阵	属性	分类 订阅号/服务号	分类 小程序	运营对象	主要目的
微信内矩阵	大众科普	5个：丁香医生、来问丁香医生、临床用药、科学性、丁香诊所	丁香医生	社会各界	媒体传播
	特定人群	8个：丁香妈妈、丁妈说育儿、丁香妈妈学园、丁香好孕、熊猫血、好孕学园、偶尔治愈、家岛健康	丁香妈妈学院、丁香妈妈Plus	育儿、养老等特殊需求人群	媒体传播
	电商购物	2个：丁香生活研究所、丁香妈妈放心选	丁香好物馆、丁香妈妈好物馆	社会各界	商业变现
	合作沟通	5个：丁香通、丁香园Forward、丁香会议、丁香头条、医苑汇		潜在合作对象	品牌传播
	医疗从业	16个：丁香园、丁香人才、丁香医学生、医学生考研、生物学霸、执考助手、用药助手、神经科的那些事、科研论文时间、丁香公开课、丁香智汇、丁香说、Insight数据库、丁香会议、丁香大健康、人事圈	丁香医生医生端、丁香公开课、丁香人才|校园招聘、丁香人才|招聘求职找工作、用药助手、丁香园|医生交流、丁香医考	医生、医学生等医疗行业从业者	强化专业性
	专科细分	32个以"专业+时间"命名的账号		特定需求的医生或病人	细分内容属性，让颗粒度更小

矩阵	属性	媒体类 今日头条	媒体类 搜狐、网易、百度一点资讯	视频类 抖音	视频类 B站	问答类 知乎	问答类 悟空问答	社交类 微博	运营对象	主要目的
外部矩阵	大众科普	丁香医生、丁香食堂、丁香养生	丁香医生	丁香医生	丁香医生	丁香医生	丁香医生	丁香医生	社会各界	媒体传播
	特定人群	丁香妈妈、减肥之路	丁香妈妈、丁香食堂、丁香健康头条、减肥之路	丁香妈妈		丁香妈妈	丁香妈妈	丁香妈妈	育儿、养老等特殊需求人群	媒体传播
	医疗从业	丁香园				丁香园		丁香园、各专科频道	医疗行业从业者	强化专业性

图 2-10 丁香医生的微信内、外矩阵

1+X 证书理论练习题

一、单选题

1. 新媒体运营工作的起点是（   ）。

    A. 产品矩阵　　　　　B. 用户画像　　　　　C. 运营策划　　　　　D. 用户体系

2. "用户画像、产品矩阵"属于新媒体运营中的关键词的是（   ）。

    A. 策划类　　　　　　B. 组织类　　　　　　C. 执行类　　　　　　D. 反馈类

3. 价值定位为媒体品牌的新媒体，其主要盈利方式为（   ）。

    A. 产品增值　　　　　B. 广告　　　　　　　C. 商品售卖　　　　　D. 稿费

4. 网感的核心是（   ）。

    A. 热词集锦　　　　　　　　　　　　　　　B. 把热点做成看点

    C. 基于人性洞察的创新表达　　　　　　　　D. 塑造文章个性

二、多选题

1. 分析新媒体平台用户画像的作用主要包括（   ）。

    A. 降低企业获客成本，实现精准营销　　　B. 增加企业的用户资产

    C. 推动供需关系变革　　　　　　　　　　D. 细分市场

2. 新媒体平台的定位分析主要从（   ）维度进行。

A. 用户定位　　　　　B. 产品定位　　　　　C. 内容定位　　　　　D. 价值定位

3.（　　）是全媒体平台的布局,包括自有 App、网站和各类新媒体平台如微信、微博、今日头条、一点资讯、企鹅号等。

　　A. 横向矩阵　　　　　B. 外矩阵　　　　　C. 纵向矩阵　　　　　D. 内矩阵

4. 新媒体矩阵的主要作用包括（　　）。

　　A. 增加运营难度　　　　　　　　B. 内容多元化

　　C. 分散风险　　　　　　　　　　D. 协同放大宣传效果

5. 训练网感的方法步骤包括（　　）。

　　A. 寻找热点　　　　　B. 素材积累　　　　　C. 关联练习　　　　　D. 实践反馈

三、判断题

1. 在新媒体运营之前和初期要有一个基本定位,定位越清晰运营越主动有效,可以避免运营中的盲目性。　　　　　　　　　　　　　　　　　　　　　（　　）

2. 新媒体价值定位就是运营这个新媒体的价值取向,主要包括社会价值和商业价值两方面。　　　　　　　　　　　　　　　　　　　　　　　　　　　　（　　）

3. 搭建新媒体矩阵后,不同平台的产品及调性并不难形成互补。　　　　（　　）

4. 运营新媒体矩阵本质上是建立品牌与用户的有效连接,精准触达用户,通过内容引流,让产品和服务更快更好地解决问题。　　　　　　　　　　　　　　（　　）

5. 网感是对网络内容的敏感度、感知能力,可以理解为一种网络悟性。　　（　　）

6. 网感就是追求热点,尽量多使用网络热词。　　　　　　　　　　　　（　　）

7. 在 A 平台呈现的一个热门话题,在 B 平台可以视频形式来输出个人观点,是非常好的培养网感的实践练习方法。　　　　　　　　　　　　　　　　　（　　）

8. 培养网感的过程中,无须查看平台的数据反馈。　　　　　　　　　　（　　）

参 考 答 案

一、	1. B	2. A	3. B	4. C				
二、	1. ABCD	2. ABCD	3. AB	4. BCD	5. ABCD			
三、	1. √	2. √	3. ×	4. √	5. √	6. ×	7. √	8. ×

在线自测题

模块三

培养文案本能

学习目标

1. 知识目标
   （1）了解营销软文的概念。
   （2）掌握营销软文的类型。
2. 技能目标
   （1）掌握营销软文开头、正文、结尾的写作方法。
   （2）通过软文写作技巧练习提升写作水平。
3. 素养目标
   （1）学会为营销软文做好分类。
   （2）不断学习软文写作的技巧。

思维导图

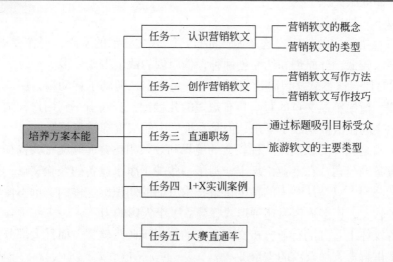

培养方案本能

- 任务一　认识营销软文
  - 营销软文的概念
  - 营销软文的类型
- 任务二　创作营销软文
  - 营销软文写作方法
  - 营销软文写作技巧
- 任务三　直通职场
  - 通过标题吸引目标受众
  - 旅游软文的主要类型
- 任务四　1+X实训案例
- 任务五　大赛直通车

任务一 认识营销软文

软文是一种针对消费者心理，从情感上对特定产品或品牌进行引导的文字模式。受众在阅读时并没有意识到这是对产品或品牌进行推广的文章，但是在不知不觉中却对产品或品牌产生了认知和好感。

教学视频

一、营销软文的概念

营销软文主要通过文章的情感和产品关键词打动客户，让客户知道品牌的产品，从而信任品牌，这属于情感攻击和情感营销，让客户对文章中的产品或品牌产生认同。

营销软文简称软文，是一种旨在帮助企业、品牌向目标客户群介绍产品、服务或者是传递某个理念的一种写作形式。

营销软文是一种技术性写作，旨在向读者介绍产品或服务，并说服他们购买。它通常包含有关产品或服务的基本信息，以及它如何能够帮助读者解决问题或提高生活质量的详细信息。

营销软文是一门艺术性写作，因为它需要吸引人的注意力，并通过向人们提供有用的信息说服他们购买产品。如果想成功地实现这一目标，就必须学会使用关键字、图像和标题来吸引读者。此外，还必须能够使用不同的句式和段落结构来打动人心，使其愿意了解所要介绍的产品或服务。

软文有以下三种境界。

（1）一看就是软文的软文。这是做产品推广、软文营销的基础，写作要求比较简单，对写作水平要求较低，分原创和伪原创两种，伪原创的数量占比最多。

在 PC 端时代，这类软文风险比较低，曝光量稳定，但到了移动端，用户获取信息的路径越来越广，留给单篇文章的时间只有短短的几秒钟，若吸引不到用户，则会马上被淘汰，虽然写软文的做法被延续了下来，但是在推广中的权重却越来越低。

（2）看不出是软文的软文。这种软文的境界和效果相比普通软文有大幅提升，例如有一家做净水设备的公司，在专业论坛上，写了一些关于净水设备的经验文章，里面通篇没有提到自己的公司，只是从个人的角度讲解技术方面的知识，这样的文章不像软文，但本身依然是一种软文，很多人依靠这种形式，建立了个人影响力。

在虎嗅等媒体上看到的行业分析文章，有的也属于此类软文，而且大部分人没有意识到，比如一些讲解喜茶、奈雪的文章。

（3）普通人看到的是资讯，目标用户看到的是软文。这无疑是软文的最高境界了，如某公众号中有一篇讲如何提升个人能力水平的推文，里面内容翔实，言之有物，是一篇能给人提供极大帮助的文章。

不过文中有一个案例，大意是一名刚毕业的大学生找不到职业方向，在作者的咨询帮助下，建立了信心，后来年收入过百万，有理有据，让人信服，部分处于迷茫期，同样缺少职业方向的人看到这篇文章后，很可能会找作者付费咨询。

二、营销软文的类型

随着互联网的发展，越来越多的企业开始重视软文营销，它的核心是撰写营销软文，根据考量维度不同，软文有以下几种不同的分类方式。

（一）按营销目的分类

软文撰写要以营销目的为导向，撰写的时候不要偏离主题，以求达到更好的软文推广效果。根据不同的营销目的，软文撰写的侧重点也不同，软文按营销目的可划分为以下3类。

1. 以推广产品为目的的产品软文

产品软文是为了将某个产品推广出去，让产品被越来越多的人所熟知，引起用户的购买欲望，达成消费转化等。

产品软文一般以产品功效为重点，围绕产品讲一个相关的故事，这种故事可能发生在很多普通人身边，或者自己遇到过。这种情况下，读者不会排斥，更容易接受产品本身。

用读者不反感、能够接受的方式，将产品的信息、功能等融入内容当中，建立起一种与产品相符的"生活方式"。

2. 以扩大品牌知名度为目的的品牌软文

如今，品牌的影响力日益深远，很多企业都意识到品牌是将来市场竞争中获胜的关键，对品牌塑造越来越重视。品牌软文是为了将某个品牌推广出去，提高品牌的知名度和曝光率，扩大影响力、公信力等。

一篇高质量的品牌营销软文，需要全面了解企业的发展方向，包括企业文化、定位、价值、品牌文化、故事等企业常识性内容。在撰写品牌软文的过程中还需要注意软性植入的程度，潜移默化地影响读者，将营销广告信息传达给读者，从而达到软文预期的营销效果。

3. 以面向搜索引擎为目的的网站软文

网站软文是为了推广网站，提高网站权重、排名和流量，辅助搜索引擎优化（SEO），降低企业的广告成本。

为了能让用户在引擎搜索时容易查找到文章，网站软文要注重原创度，侧重于关键词设置和布局，才能更好地被收录。

（二）按写作方法分类

软文创作一定要具有可读性，能使用户产生浓厚的兴趣，在软文营销中根据软文的写作技巧和题材，可以将软文划分为以下类型。

1. 新闻型软文

依托新近发生的新闻事件去写文章，读者看完后，感觉在看一篇新闻，但对不经意间提到的产品有着不同的理解，很容易带动受众搜索相关产品，从而完成从潜在用户到实际购买力的转化过程。

2. 争议型软文

有争议有冲突才可以快速产生卖点，才能产生更多的关注和评论。有用户的关注和争议，植入相应的产品或广告就会得到高的曝光度。通过制造争议吸引大家的关注是目前常用的手段。

3. 情感型软文

情感一直是广告的重要媒介，软文的情感表达由于信息传达量大、针对性强，更容易使人产生心灵相通的效果。情感最大的特色就是容易打动人，容易走进消费者的内心，情感营销屡试不爽。

4. 恐吓型软文

恐吓型软文属于反情感式诉求，情感诉说美好，恐吓直击软肋。恐吓形成的效果要比赞美和爱更加强烈，但会遭人诟病，所以一定要把握好度，不要过分。

5. 故事型软文

听故事是一种常见的知识接受方式，通过讲一个完整的故事带出产品，使产品的"光环效应"和"神秘性"给消费者心理造成强烈暗示，使销售成为必然。讲故事并不是目的，故事背后的产品线索才是重点，故事的知识性、趣味性、合理性是软文成功的关键。

6. 悬念型软文

核心是提出一个问题，围绕这个问题自问自答，通过设问引起话题和关注是这种方式的优势。写作时必须掌握火候，提出的问题要有吸引力，答案要符合常识，不能作茧自缚漏洞百出。

7. 诱惑型软文

具有实用性高、能受益、有利可图这三种特点的软文属于诱惑型软文，它的写作手法是让用户觉得对自己有益处，所以才会主动点击这篇软文或者寻找相关内容。

8. 分享型软文

分享型软文比较适合个人品牌或者形象的树立以及推广，适合个人或者小型团队操作，特别适合个人或者团队在某个行业建立品牌。

9. 揭秘型软文

揭秘型的文章可以吸引很多流量，内幕软文可以获得很高的点击率，可是如果文章质量低，则很容易被读者认定为广告文。认真收集资料，掌握背景知识对于撰写此类文章非常有利，可增加可信度，达到预期效果。

10. 第三方宣传型软文

第三方宣传型软文是目前营销效果较好并且比较热门的软文营销方式，它并不是以第一人称介绍产品，而是用第三方用户角度客观评论的方式，这种写作方式大幅提升了产品的可信度，还可以很好地与用户互动，从而提高了用户的黏度。

第三方宣传型软文操作起来较为复杂，操作之前要具有完整的策划，并且具备正确引导用户话题的能力，这种类型的软文主要在论坛、贴吧、问答等互动性较强的平台上进行。

11. 促销型软文

促销型软文常常在上述软文见效时出现，通过"攀比心理""影响力效应"等多种因素促使读者产生购买欲。

任务二　创作营销软文

写软文不是进行文学创作，写作要求比较简单，软文的篇幅不宜过长，字数控制在 1 000 字左右，这样既能吸引读者，也便于转载传播。软文创作要通俗易懂，用浅显易懂的文字表达观点，使读者易于接受。

教学视频

一、营销软文写作方法

撰写软文并非轻而易举，而是需要长期的磨炼，有许多方法供初学者学习借鉴进行软文写作，可以具体细分到标题、正文、结尾各个部分。

（一）标题写作方法

营销软文的标题非常重要，如果标题没有足够的吸引力就无法激发读者兴趣从而采取行动，即打开文章阅读并进一步产生互动。编写标题值得花费大量时间，就像编写引人入胜的简短语句，要一语直击内心。

一个好的标题，是跟读者之间的一场等价交换，承诺提供给读者标题里所涉及的内容，以此来换取读者的时间。

想要在这场交换里占得先机，最好的方法就是给读者提供一个让他们无法抵挡的标题。但恰恰是"无法抵挡"这一个条件，成为取标题时的最大阻碍。

1. 标题长短

研究表明，短标题的打开率较高，因为大多数人只花费较短时间在手机上进行简单阅读，如果标题过长，在手机上无法获得全部内容，也会让受众失去阅读的耐心，从而影响点击率。

太短的标题又可能缺少必要的信息和要素，无法吸引读者的注意力，也不能表现文章的核心主旨。所以字数一般建议为16~23个汉字，如果有好的标题，则字数偏少也无妨。

2. 围绕主题

据统计，在阅读标题后，只有五分之一的人会继续阅读文章，因此标题一定要围绕文章主旨进行编写。比较好的方式就是精炼文章的主要观点，将其放在标题前半部分，重心前置，一目了然，发挥出它最大的作用。

3. 保持个性

大家都使用的高点击率标题并不一定是好的，所以要勇于创新，用新颖的方式抓住读者眼球，让人耳目一新。

4. SEO 标题优化

除了正常的标题外，还有"SEO 标题"的存在，SEO 标题用了搜索引擎（如百度、搜狗、360），和"正常标题"的撰写规则有很大区别——SEO 标题只需要围绕关键词设置简单语句。例如关于某品牌蓝牙耳机的软文，关键词就是"蓝牙耳机"，将标题设置为《蓝牙耳机什么品牌的好》，用户在搜索蓝牙耳机时就很容易看见这篇软文。

（二）正文写作方法

1. 确保吸引力

营销软文一定要以受众为中心，以受众为立足点去思考，即理解受众，知道他们想要什么，怎样做才能打动他们，引起他们对文案的理解与认同。

文案中常用的写作方法是唤醒受众的某种需求，如产品功能这类表面需求、产品诉求类的情感需求、品牌文化内涵类的自我实现的需求等，然后去满足它，一旦文案精准地唤起了受众其中一种内心需求，就会用行动作为回馈。

2. 增强信任感

很多受众对某些产品或品牌并不了解，如果文案人员一味地说产品好，大部分受众并不会认同这种说法，但是如果将该产品与权威的人或机构联系起来，表示权威认可并推荐了该产品，那么受众对权威的信任就会被嫁接到产品上，认为该产品值得信赖。

在产品的买家评论、品牌社群和品牌互动留言中精选已使用过产品的受众的评论，在文案中将其展示出来，用真实的好评取得潜在受众的信赖，这个方法利用的是人们的从众心理，它既能激发受众的购买欲，又能赢取受众的信任。

（三）结尾写作方法

"余音绕梁，三日不绝"。一篇好的软文，就像一部作品，如果没有一个恰到好处的收尾，就像一部草草收尾的电影，剧情再好，也会让人失望。一篇好的软文，要有一个值得深思和回味的结尾。

常见的收尾方式有：自然收尾、首尾呼应、点题式、名言警句式、抒情议论式、余味无穷式、请求号召式、结尾展开联想、祝福式等。其中的祝福式是站在第三者的角度对软文中的品牌或者事物进行展望，如希望未来车内产品应用市场能有更多实用且功能强大的优质产品，以满足广大消费者的出行需求。

二、营销软文写作技巧

在创作营销软文的时候，把握一些写作技巧，可以将软文的营销作用发挥到最大，以下是常见的营销软文写作技巧。

1. 了解消费者的需求

做软文营销时，要深刻了解消费者的需求，只有了解消费者的需求，才能明确目标客户的不同行为习惯。

以产品软文为例，写作之前，要去了解消费者对产品的价格需求、外观需求、安全需求、质量要求等，这样才能写出有针对性的软文，更好地抓住消费者的眼球。

2. 时刻关注热点事件

营销软文的内容主题应被目标受众接受，任何内容写作之前都要明确主题方向，必须确保这个主题为相当一部分人群所关心，这样才有机会形成高效传播，产生裂变效果。

借势热点是营销类软文的撰写技巧之一，也可理解为借势营销，借助热点事件来进行软文营销而撰写成的软文也叫热门软文。热门软文能给软文的点击率和企业的品牌宣传带来出乎意料的效果。

借势热点写软文时，不要盲目地跟风热点中的观点，要从不同的角度分析热点事件并简洁地发表自己的观点，不管观点是得到了很多人的共鸣，还是引起了很多人的反驳，能引起讨论度的文章就算不错的软文。

借势热点的同时，还要融入自己的创意，善于发现热点事件的本质，并寻找角度将品牌、产品与文章结合在一起，把品牌信息潜移默化地传递给受众。

3. 巧妙植入品牌信息

软文的内容要有可读性，站在目标客户的角度思考问题。内容要传递出产品最核心的信息，通过从多角度描写产品的与众不同，使消费者对产品卖点有一个深度的认识，从心理上产生共鸣，从而勾起消费者的购买欲。

在传播的过程中，软文中植入的品牌信息不要过于直白，应用润物细无声的方法巧妙地将品牌信息融入，才能得到意想不到的效果。一篇成功的软文在于能够巧妙地运用文字，在表达自己对产品看法的同时，潜移默化地把品牌信息植入读者的内心，使文章不再是由干瘪简单的文字堆砌，而是有血有肉有差异性的思想共鸣。

4. 注重举例，增加说服力

对于软文创作者来说，最好具备丰富的知识，这样才能驾驭各种类型的软文写作，如今往往能够通过一篇软文考察出作者的"内功"深厚程度和专业素养的高低，但这并不意味着一个内功深厚、专业素养高的人就一定能够写出让人难忘的软文，因为普通文章和软文还是有区别的。

文章是用来表达作者看法、抒发情感、让读者看到作者品质和内在灵魂的一种文字载体；软文是一种带有浓厚营销成分的文字形式。

因此，创作者不能将软文当成文章来写，它是一种比文章更加烦琐的文字载体，由于软文中有营销成分，因此在创作的时候，需要有一定的说服力才能够打动读者。

通过例子来提升说服力，就是一种有效的手段，例如在文章开头，通过他人的事例引入主题，如图 3-1 所示。

寻找明星不老神话

· 你或许不知道某产品，但是你一定关注过如麦当娜、张曼玉、刘嘉玲、萧蔷、赵雅芝等这样的不老神话，而这样的神话在娱乐圈中可谓屡见不鲜，不是她们比其他人拥有多么优越的先天条件，而是因为她们更为坚持自己的保养之道，专业与得当的保养方法是她们对抗衰老的不二法宝。其中，服用某某就是一个在明星中间颇为流行的抗衰老方法。

图 3-1　文章开头

这篇软文的开头利用了几位明星的不老神话引出某产品，如果软文一开始就从产品如何抗衰老这方面出发，则很难获得用户的信任，没有说服力，而通过借用明星抗衰老的事例引出产品，则会将明星抗衰和该产品联系在一起，产生说服力。

5. 巧用情感攻势打动读者

根据用户的心理，制造各种能够打动读者的线索、让读者在富有情感的文章中得到某种精神上的慰藉，如地产广告"加上爱，就成一个家"。

在软文中，采用情感攻势非常有效，因为这种方法能够把握读者的情感，并且很好地吸引读者的眼光，从而提高转化率。

任务三　直通职场

通过前面两个模块的"直通职场"，了解到职场对软文营销这一领域的招聘要点，模块三将以具体案例来讲解软文写作的方法。

目前旅游业整体上呈持续增长的态势，市场竞争激烈，各大旅游品牌怎样才能让自己的旅游软文在众多的软文中脱颖而出呢？下面将分析旅游行业的软文写作。

旅游软文并不是针对所有人的，在撰写之前，要结合数据分析，确定受众群体，然后针对这些群体进行软文创作及投放，从而使软文传播的效率更高。

一、通过标题吸引目标受众

如今，人们的生活都是快速进行的，但人们在看到自己感兴趣的、比较吸引人的事物时，还是会放慢脚步，因此对于旅游行业的软文，标题是否新颖起到了非常重要的作用，起标题时可以加入些许意境，如以下的标题示例。

有一种脚步，叫别人的旅行；

身未动，心已远；

穿过红尘的脚步，一个人的旅行。

旅游软文的创作者还可以将旅游心得作为文章的主题，围绕需要推广的旅游景点描述自己的感受，这样的文章对读者价值比较高，并且以心得来铺设整篇文章，能让读者卸下一些质疑的心理，如以下的标题示例。

中国性价比最高的旅行目的地，你去过几个？

在这里看了秋天的枫叶，感悟了一年四季！

我在这里过了一个月的山水田园般的生活！

二、旅游软文的主要类型

1. 亲身经历的游记

游记是对一次行程进行记录，用自己的亲身经历撰写游记软文，这样写出的软文更有说服力，饱含真情实感。

写作游记时有以下方向。

时间线：按照时间游玩顺序进行游记记录，例如第一天、第二天、第三天等，通过时间顺序记录每天的游记。

游玩线：根据各个景点的游玩顺序进行撰写，如山脚、山顶、公园、湖泊，按照各个地点的情况进行描述，撰写心得。

攻略线：根据旅游的各个环节进行撰写，如对住、行、吃、玩等各方面进行撰写。

2. 根据节日气氛写旅游软文

例如，五一小长假游桂林、国庆长假的长白山之旅、端午节的海洋公园之旅……假期是旅游的高峰期，软文作者抓住这一特征，将假期和软文结合，针对假期景点的营销计划，提前撰写软文，吸引在假期中有意旅游的目标人群。

3. 全面的旅游攻略指南软文

和普通的游记攻略不一样，撰写深度的旅游攻略指南需要更加全面地对旅游景点进行全面的解读，包括人文、历史、经济、旅游、周边指南、城市情况等，相当于一篇百科，用户看了之后会全面地了解这个旅游目的地的资料。

4. 故事性旅游软文

故事性旅游软文在开始时会讲解景点的情况，让读者对景点有一定的了解后，再开始讲述景点的故事、旅游途中遇到的故事以及自己在旅途中发生的事等。

故事说得好，很容易吸引读者，软文作者在创作的时候，不妨结合景点的特点，注入一些引人入胜的故事。

5. 以实时更新的方式写软文

这种方式类似于文字直播、图文直播等，作者一边旅游一边在网上分享旅游心得，无须太长篇幅，而应注重实效性、互动性，以便让读者在这个过程中对旅游景点当前的最新情况有更加直接的认识。

任务四　1+X 实训案例

（一）任务目标

通过实训内容，让学生了解软文的概念、作用、优点，掌握撰写软文的流程，并能根据营销推广的需要策划软文。

（二）任务背景

"1+X" 自媒体运营职业技能等级证书、"1+X" 新媒体运营职业技能等级证书明确要求掌握新媒体文案、营销软文等的写作和发布。

（三）任务分析

在篮球、矿泉水、黑板和护肤品中选择一个产品，以悬念式、故事式、情感式、恐吓式或促销式的方式撰写软文标题。

（四）举一反三

此任务的重点是突出软文标题的写法和常见的软文写作类型，还可以对本模块讲到的新闻型、争议型、诱惑型、揭秘型、第三方宣传型软文进行练习。

任务五　大赛直通车

某创新型高科技公司曾经举办过全国大学生广告创意大赛，大赛分为以下三个方面。

（一）广告征集语

要求 30 字以内，内容精练、朗朗上口，体现某品牌的形象或产品服务。

（二）软文创作

1 000 字以内的原创文章，内容健康向上，主题明确，撰写可以提升某品牌知名度和产品影响力的宣传性文章。

（三）平面广告设计

以平面图片的形式为某品牌及其产品服务设计宣传广告，用绘图工具创作或手绘皆可。要求：主题明确，200MB以内，另附100字以内的创意说明。

该大赛有助于丰富大学生们的课外文化生活，鼓励大学生运用创新思维。从理论和实践两个方面提升学生们的能力，激发他们的创意灵感，提高学生们的策划能力、协调组织能力，培养他们的实践能力和创新精神。

营 销 实 战

微博是人们分享交流的地方，那里每天都有新鲜的事件、话题产生，微博成为企业和商家互联网营销推广的重要渠道，他们利用微博的特性进行软文营销，因为微博的用户量大、活跃度高，获客成本相对较低，所以颇受商家欢迎。

（一）借势热门话题

微博营销最常用的方法就是借势，企业在微博热门话题中可以找到热门微博、热门话题、综合热搜等方面的内容，因此企业可以借助时下的热门话题吸引人们的注意力，将软文和热门话题相结合，有效提高用户的关注度。

（二）主动制造新闻

面对微博这个流量庞大的即时性平台，企业要学会自己主动制造新闻，虽然发布新闻的方式不多，但是新闻的内容可以多样化。

如企业年中、年底的经销商座谈会；商家的融资；社会公益实践；企业参加知名活动等。

通过这种方式能保证企业的新闻永远不断，让消费者随时都能看到企业的消息，但是，制造新闻要真实，不能编造，要用撰写新闻的标准来撰写文案。

（三）140字打造精华

在微博进行软文营销，最好在140字以内完成并吸引到用户的关注，虽然可以发长微博，但是用户不会花太多时间去研读，精简的软文更加容易被读懂。用一个疑问句来结尾，相当于抛出一个话题供消费者讨论，能引起更多人的互动。

（四）巧用@功能

在微博软文营销中，@这个功能非常重要，有时候要在博文里@名人微博、知名博主的微博、媒体微博或企业微博等。

如果这些媒体或名人回复了撰写的内容，则很有可能获得更多人的关注，从而扩大了软文的营销效果；此外还可以通过知名博主的微博 @ 企业自身，即直接借助知名博主为自己宣传。

（五）注意发布的时间

微博用户碎片化阅读特征非常明显，因此，企业在运用微博进行软文营销时，要注意微博软文发送的时间段，以获得更多的关注。一般在上班时间的上午 8~9 点、下班时间的 18~22 点，用户的互动较多，互动频率较高。

（六）注重培养粉丝群

企业在微博平台做营销推广，要注重将目标用户变成粉丝，主要方法有互动关注、评论和转发并发起一些互动活动。

（七）注意与用户互动

有些企业在运营微博时，经常只是敷衍地发布文字信息，这样并不能取得良好的宣传效果。微博软文营销的关键就在于微博软文发布后，不断与用户进行互动，来保持用户的活跃度和关注度；因此，微博软文的营销不只局限于发布软文，而是由很多环节一环扣一环而成的，仅仅发布软文信息并不足够。

1+X 证书理论练习题

一、单选题

1. 关于产品软文，以下说法不正确的是（　　）。
   A. 以推广产品为目的，达成消费转化
   B. 产品软文一般以产品功效为重点，围绕产品讲一个相关的故事
   C. 产品软文要让读者心里不排斥，更容易接受产品
   D. 产品软文的最终目的是让读者认识了解产品

2. 下列不属于软文标题写作原则的是（　　）。
   A. 完整性原则　　　B. 关键词原则　　　C. 吸引力原则　　　D. 精简性原则

3. 下列不属于新闻资讯类软文的特点的是（　　）。
   A. 时效性　　　　　B. 知识性　　　　　C. 新鲜性　　　　　D. 真实性

4. 软文标题《搞定公众号排版的十个方法 ——看这篇就够了！》属于（　　）类型的软文标题。
   A. 新闻式　　　　　B. 盘点式　　　　　C. 绑定式　　　　　D. 悬念式

5. 企业选择软文推广主要是改善营销效果和降低推广成本，因此软文不可能回避广

告的（　　）。

　　　A. 公益本性　　　　　　B. 客观本性　　　　　C. 商业本性　　　　　D. 娱乐本性

二、多选题

1. 下列属于营销软文写作技巧的是（　　）。

　　A. 弱化广告，不影响受众阅读体验

　　B. 图文并茂吸引眼球

　　C. 合理设置关键词

　　D. 观点鲜明引起读者共鸣，引发社会讨论

2. 下列选项中可以成为营销软文的创作点的是（　　）。

　　A. 新产品上市　　　　　　　　　　B. 公司或产品获得奖项

　　C. 大项目成功中标　　　　　　　　D. 员工谋取私利损害公司利益

3. 故事软文的3种类型包括（　　）。

　　A. 企业故事　　　　B. 客户故事　　　　C. 品牌故事　　　　D. 产品故事

4. 训练网感的方法步骤包括（　　）。

　　A. 寻找热点　　　　B. 素材积累　　　　C. 关联练习　　　　D. 实践反馈

三、判断题

1. 营销软文简称软文，是一种旨在帮助企业、品牌向目标客户群介绍产品、服务或者是某个理念的一种写作形式。（　　）

2. 在移动互联网时代，一看就是软文的软文几乎没有了存在价值。（　　）

3. 面向搜索引擎的网站软文要做好标题和文章的关键词布局，可以有效降低企业的广告成本。（　　）

4. 通过制造争议吸引大家的关注是情感型软文的特点。（　　）

5. 促销型软文常常在其他软文见效时出现，通过"攀比心理""影响力效应"等多种因素促使读者产生购买欲。（　　）

6. 营销软文的标题越长越好。（　　）

7. 无论写哪种类型的营销软文，都要紧跟热点事件，做好借势营销。（　　）

8. 软文虽然是一种带有浓厚营销成分的文字形式，仍然要用情感打动消费者。（　　）

参 考 答 案

一、	1. D	2. A	3. B	4. B	5. C			
二、	1. ABCD	2. ABC	3. ACD	4. ABCD				
三、	1. √	2. √	3. √	4. ×	5. √	6. ×	7. √	8. √

在线自测题

模块四

提报选题

学习目标

1. 知识目标
   （1）理解产品的定位方法及其重要性。
   （2）了解选题策划的方法和技巧。
2. 技能目标
   （1）学会提炼核心关键词。
   （2）理解用户成长路径的重要性。
3. 素养目标
   （1）了解细化选题角度的主要方法。
   （2）尝试做账号的一周选题策划。

思维导图

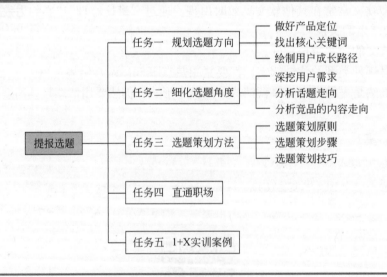

- 提报选题
  - 任务一 规划选题方向
    - 做好产品定位
    - 找出核心关键词
    - 绘制用户成长路径
  - 任务二 细化选题角度
    - 深挖用户需求
    - 分析话题走向
    - 分析竞品的内容走向
  - 任务三 选题策划方法
    - 选题策划原则
    - 选题策划步骤
    - 选题策划技巧
  - 任务四 直通职场
  - 任务五 1+X实训案例

任务一 规划选题方向

选题是在写文案之前，围绕用户需求找到的内容切入角度。如何找到合适的选题？第一步，根据定位规划选题方向；第二步，深挖用户需求，细化选题角度。

教学视频

一、做好产品定位

1972 年，艾·里斯与杰克·特劳特提出了定位理论，开创了一种新的营销思维和理念，并被评为"有史以来对美国营销影响最大的观念"。该理论认为，企业必须要在潜在的顾客心中创建一个"定位"，这个定位不仅考虑了企业自身的优势和弱点，也考虑了竞争对手的优势和弱点。

到了新媒体时代，定位依然重要。本模块"提报选题"的内容，先决条件就是要根据产品的定位提报选题，无定位，选题则无根基。例如定位为女性护肤的微信公众号，它的选题就要围绕女性护肤而展开。

（一）什么是产品定位

产品指能满足用户某种需求的可售卖的有形或无形的物品或服务，如手机里常用的微信、微博、小红书、抖音等 App 都是所属公司为广大用户的手机移动端提供的应用"产品"，它们所对应的每一个微信公众号、微博账号、小红书账号、抖音账号等都可被称为账号运营者的"产品"（在本模块中，"产品"指的是一个新媒体平台的账号）。

定位指明确什么产品能为谁解决什么问题，产品的风格、调性、独特性如何。产品以什么形式、内容或服务帮助用户满足某种需求，以及与同类产品之间存在的差异性。

产品定位的重要特点是，每个产品的定位都不是一成不变的，而是根据公司、技术、市场或者用户的需求变化而不断调整优化的。

（二）产品定位的方法

产品定位主要从以下 3 个方面进行。

1. 目标用户分析

对目标用户的描述可以通过描绘用户画像的方式来实现，即描述使用该产品的人物形象。

用户画像一般包括年龄、性别、学历、身份、收入、居住城市、生活追求、兴趣爱好等。一个音乐账号的目标用户就是对音乐感兴趣的人，这句话过于笼统，适用于所有的音

乐账号，定位效果不佳。

有效的目标用户分析需要经过调研与现有数据的统计，音乐账号的主要目标用户为25~29岁，以职场女性居多，这部分用户有3~5年的工作经验，居住地以一线城市居多，平时工作较为繁忙、压力较大，听歌时间主要在晚上8点以后，可以为这部分用户多投放一些舒缓、助眠的歌单等，这是在明确账号的主要特点。

（1）确定基本的服务人群。根据产品或者服务来确定基本的服务人群，从而确定性别、年龄阶段、收入水平、文化水平等。

（2）分析目标客户的共同需求点。这是做平台或账号很关键的一步，只有找到他们的需求痛点才能更精准地做产品和内容。

（3）分析竞争对手。将竞争对手在推广运营时候的亮点整理出来并进行分解。一般亮点包括品牌化、价格战、突出产品或服务、营销渠道、预计效果，根据以上几点提取出自己可竞争的亮点。

2. 内容定位分析

内容定位主要指产品以什么形式、内容或服务帮助用户满足某种需求，其关键点是内容，形式是什么？是图文还是视频，还是两者兼具；内容方向是什么？选定什么领域，如摄影、美食、电影、金融等。

（1）账号基础：明确账号的昵称、简介、头像、背景、发文、粉丝情况等。

（2）人物设定：人物设定即差异化，每个人都有独特的风格，独特的长相，独特的说话方式、气场，价值观，这些是天然自带的独特的风格，也可以根据账号和内容的需要进行一些必要的包装。

（3）选题：明确账号主要发的内容是什么，以小红书平台某一母婴账号为例，选题围绕婴幼儿零食、花样早餐、婴幼儿下饭菜、婴幼儿辅食、营养炖汤等展开。

（4）内容：主要包括封面、标题、正文、标签、评论、整体契合度和用户的点赞评论转发等数据，一个账号就是一个产品，是一个整体。

（5）变现：一个账号想要坚持更新下去就要在运营之初考虑好自身的商业模式，做内容定位时要围绕变现进行。

3. 运营方向分析

对于一个新媒体平台账号的运营，运营方向主要针对该账号的风格、调性和差异性。在确定好用户属性和内容属性的基础上，运营方向就基本明确了。

以微信公众平台"十点旅行"为例，用户属性以25~29岁的女性为主，向下辐射到18~24岁的大学生及年轻白领，向上辐射到30~34岁的职场成熟女性和家庭主妇。

18~24岁女性的经济实力一般，但业余时间充足，对于新鲜事物的接受程度更高，因此关注"十点旅行"账号的概率更高、时间更多、分享传播的可能性更大。30~34岁的女性已经具备了一定的经济基础，对生活品质有自己的追求，而且这类女性大多开始组建家庭，可以带动家庭消费。

"十点旅行"的主账号"十点读书"的用户属性与旅游账号用户属性吻合，考虑到"十点读书"以文化主题为主，因此"十点旅行"的内容主题可以围绕历史古迹、名著典故、文人墨客等具有文艺色彩的内容进行延伸和挖掘，以景点推荐和游记攻略的形式呈现。

18~24 岁的女性用户，这类用户大多是学生和刚入职场的年轻白领，经济上没有太多积蓄，可以围绕高性价比和短途的旅游进行推荐。

25~29 岁的职场女性，更关注个人的成长发展，因此可以推荐游学的相关内容信息。

而 30~34 岁的女性用户，大多已经成立家庭、已为人母，可以分享适合亲子游、家庭游的景点或游记。并且内容风格应该保持温暖、文艺的特性，契合"十点读书"的整体调性。

内容表现形式除了常见的美文美图，还可以继续沿用"十点读书"的优势——采用音频，以朗读的形式分享内容。此外，还可以通过短视频的方式对 KOL 用户进行采访，或是用户的旅游纪录片分享。

用户和内容两要素已经决定好"十点旅行"的风格调性，并打造出与一般的旅行账号差异化的运营方向，如表 4-1 所示。

表 4-1 "十点旅行"账号的差异化运营方向

属　性	一般旅行账号	"十点旅行" 账号
必备属性	景点推荐、游记攻略	深度挖掘符合"文化"主题、具有"文艺"色彩的旅游景点和游记攻略
期待属性	特色美食、人物故事	可以模仿实现的旅行故事：朋友旅行、情侣游、游学、亲子游、家庭游
魅力属性	PGC+ 转载 新潮小众、独家预定、社会热点	延续"十点读书"的温暖、文艺风格 图文 + 音频 + 短视频 PGC+UGC：向粉丝征集个人游记、摄影作品、路线推荐 粉丝社群：聚集一帮志同道合的粉丝，分享旅行资讯 + 拓展社交范围
无差异属性	推送时间，文章数量	每晚十点推送，文章数量根据用户数量调整

二、找出核心关键词

新媒体账号产品的每一个选题都要做关键词的考量，在最初做产品定位的时候，内容领域决定了账号的核心关键词，也是日常选题的重要依据。

以微信公众号"女神进化论"为例，它的核心定位是：解决年轻女性的成长问题，让用户的外在和内在变得更好。这个定位决定了公众号的基调不是娱乐，所以在内容上会做出相应的取舍：不关注过分娱乐化和无营养的内容。

"女神进化论"的定位与市面上普遍的推荐好物类账号不同，它的文章更偏向于科普性质的小论文，尝试通过科学系统的知识解答女性的各种困惑，品牌理念是专业、科学、实用。

这样的内容定位决定了它的核心关键词主要包括服饰时尚穿搭、个人护理、美妆、美容整形、个人成长、好物推荐等。再细化到每月、每周、每天的选题规划，都可以围绕这些核心关键词展开，进行二级标签的细化即可。如"个人成长"的二级标签为身心健康、个人认知，可以具体写身体心理健康方面的建议文章、情商及个人认知升级的情感文章等。

核心关键词如此重要，具体该如何为产品或账号设置核心关键词呢？

（一）用户搜索习惯

知己知彼，方能百战不殆，首先从用户的角度去思考选择关键词，注意积累用户的搜索用语习惯。

用户搜索习惯是指用户在搜索引擎中寻找相关信息时所使用的关键词形式，对于不同类型的产品，用户的搜索习惯会存在一定的差别，应该优先选择那些符合大部分用户搜索习惯的关键词形式。

（二）用户浏览阅读习惯

目前用户在上网浏览时，除了部分需要特别集中精力去阅读的内容外，大多数时间都是在无意识地扫描，而在扫描的过程中往往会无意识地忽略对自己不重要的信息，而把精力集中在自己感兴趣的信息上。

现在网络上的海量信息，导致了人们的注意力分散，在设置关键词的时候，还需要分析目标受众的阅读习惯。例如阅读时间、时长、地域、场景等，可以通过用户画像进行相应的分析，并且根据分析结果进行关键词设置。

（三）学会扩展关键词

确定了核心关键词之后，要对关键词进行扩展，推广者可以根据这些核心关键词进一步挖掘，以便扩展出更多的关键词。

（1）使用关键词工具。通过谷歌关键词工具或者百度指数等，当搜索一个关键词时，就会出现几十个相关的关键词；而在对其中一个相关关键词进行重新查询时，又可以得到另外几十个相关的关键词，如此一来，就可以扩展出多个关键词。

（2）使用相关搜索。当在百度的搜索框中输入核心的关键词时，搜索框就会显示出与此相关的一些关键词，可以通过这样的方式找到搜索量最多的关键词，以此来确定需要的关键词；同时，也可以参考搜索结果页面最下面看到搜索引擎给出的相关搜索关键词。

（3）使用关键词变体。使用各种关键词的变体，对关键词进行各种变化，主要的类型有同义词变体、简写变体、相关词变体、错字及使用形容词修饰等。

三、绘制用户成长路径

任何一个产品或账号的用户，都要经历激活、转化、留存、唤醒、召回五个阶段的生命周期。无论是做用户运营还是选题规划，都离不开用户成长路径的指导，因为不同阶段的用户需求是不同的，要运用不同的运营策略和选题规划才能更好地为用户服务。

如公众号"女神进化论"，早期用户以新手为主，适合生产比较初级的内容，成立四年以后，随着用户的进化，沉淀下来的老用户不再需要新手内容，公众号的重点会偏向高阶内容，但是仍然会有新增用户，这个主要通过分号和基础内容合集的形式来解决，这也是所有平台产品和账号共同面对的问题。

用户处于不同生命周期的阶段，相应的运营重点也不同，只有针对性的运营，才能促进各生命周期的用户实现最大价值。

针对激活阶段的用户，应通过一些正确的引导，促进用户完成注册、关注、首次发布等动作；转化阶段，需要通过运营动作，促使用户多次完成预期的目标并产生价值，如下载产品、发布内容、点赞评论转发等；到用户留存阶段，需要找到用户对于产品热衷的关键功能，在现有的使用黏度上，让用户在产品中不断探索发现新的价值，不断给用户提供喜欢的内容，从而提高用户留存率。

绘制出一份高质量的用户成长路径图，可以对用户分层聚类，深入洞察可发现一系列交互行为中的挫折点和喜悦点，为用户体验提供一幅完整视图；同时，用户成长路径图为解决用户痛点、建立企业共识以及为改善用户体验创造了机会。

任务二　细化选题角度

任务一中讲到如何找到合适的选题，第一步是根据定位规划选题方向，通过列举和定位相关的关键词，以及去绘制用户成长路径找到一个大的选题方向，任务二着重讲解第二步，即深挖用户需求，细化选题角度。

一、深挖用户需求

当初步确定了选题方向后，接下来就需要调研用户的具体需求，细化选题角度，使它足够具象、可落地执行。

如何深挖用户需求呢？可通过多种调研方式，直接问目标用户想要看什么。运营账号是为了给用户提供某种价值，要去解决用户的某个问题，然而很多人认为用户并没有很多问题且大部分都已得到解决。这其实暴露了用户画像做得不细致的问题，他们没有真正深入地了解用户的问题。调查用户需求时还可以和场景结合，再加入时间的维度，这样选题才会源源不断。

常见的调研方法有几下几种。

（1）社交平台：在还没有用户的时候，到目标用户聚集的平台收集他们的需求或兴趣点。

（2）问卷：网站、App、公众号、派发传单等。

（3）一对一访问：当面沟通、电话沟通、微信或QQ沟通等。

注意事项：以目标为导向设置问题时，注意问题不要设置得太多太杂，否则会影响用户的配合度，不是所有人都会有反馈，这是正常的，用户行为比用户话语更真实。

软文营销

很多时候用户的问题不是那么明确，具体从哪个角度入手不好把握，或者有时候即使有用户调研，用户也不一定能够把他们的需求明确表达出来。这时就需要去分析历史数据，用户可能表达不准确，但是他们一定会用实实在在的阅读行为表现出他们真正感兴趣的内容。

因此，对历史数据的分析非常重要，正所谓"让数据说话"，从中可以发现大量规律，然后将这些规律应用到后续选题中，慢慢就能摸清用户需求的脉络了。

二、分析话题走向

分析话题走向时既要分析主流新媒体渠道的话题走向，又要分析与定位相关的垂直渠道的话题走向。

分析主流新媒体渠道的话题走向的常见调研方法有以下几种。

（1）利用渠道的分析工具，如今日头条的"头条指数"、微博的"微指数"等。

（2）利用渠道的热榜功能，如知乎的"热榜"、微博的"热榜"等。

（3）利用渠道的话题广场，如知乎、豆瓣等。

（4）利用渠道的专题、专栏、小组，如简书、豆瓣、贴吧等。

（5）利用主流的门户网站，如新浪、搜狐、腾讯、网易等。

这些都可以看整个新媒体渠道大的话题走向是什么样的，根据这些大的话题走向，可以确定细化角度应该选择哪些具体的选题方向作为切入点。

垂直渠道的话题更聚焦，圈子更有凝聚力，用户活跃度相对更高，这意味着有更多内容可挖掘。

常见的垂直渠道有淘宝的"淘宝头条"、网易云音乐的"评论"、Keep的"社区"、雪球网、虎扑王、宝宝树等。

三、分析竞品的内容走向

要辩证看待竞品的内容方向，竞品做得不好，不代表自己的内容一定做得不好；竞品做得好，不代表自己的内容一定能做好。

可以通过竞品的选题，通过它们的内容定位和切入点，给自己一些启发，这个就是看竞品的作用。要有所参考借鉴，而不是冥思苦想，闭门造车，否则很难想出非常好的切入点。

寻找选题时要看得全面，看社区，看用户的评论，看竞品的方向，都可以给自己一些启发。这并不意味着抄袭竞品的选题方向，而是通过借鉴参考，激发新的灵感，这是一个延伸的过程，这是获取灵感的具体方法。

继续以任务一中的公众号"女神进化论"为例讲解细化选题角度的问题，加深理解。

"女神进化论"的定位、核心关键词、内容调性都已分析过：解决年轻女性的成长问题，让用户的外在和内在变得更好。不过分娱乐、言之无物，侧重于方法和思路，通过科学系统的知识解答女性的各种困惑，品牌理念是专业、科学、实用。

44

通过深挖用户需求、研判话题走向和对竞品内容的关注，"女神进化论"在确定选题方向的基础之上，做了对选题的进一步细化，如图4-1所示。

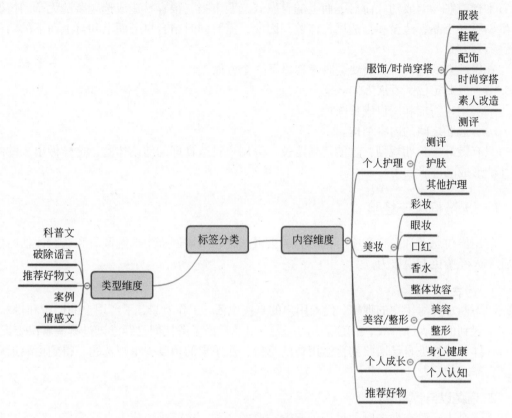

图 4-1　细化选题

任务三　选题策划方法

好的选题直接决定内容的成败，选题的核心在于满足用户需求，回归用户价值。如何做好一场选题策划呢？需要对选题和用户需求有一定的敏感度。任务三中，将从选题策划的原则、步骤、技巧三方面进行分析。

教学视频

一、选题策划原则

（一）规划大于策划

选题策划切忌"散、乱、杂"。无论是 App 还是平台账号，都要对未来的发展方向有清晰的战略定位，并根据定位制定中长期选题规划方向。此后推进的所有选题都应该围绕

该战略定位，并且遵循这个中长期的选题规划方向去进行。

对于平台或账号而言，选题策划只是运营中很小的一部分，单个选题的成功不完全意味着平台或账号的成功。而自下而上的自发式选题申报，很容易造成选题杂乱无章的情况发生，不利于品牌建设和打造用户体验。因此，需要同时结合自下而上和自上而下的两种选题策划方式。

在做规划的过程中，需要同时考虑以下 3 个方面。

（1）战略定位和发展方向。

（2）用户需求和用户成长路径。

（3）选题之间的内容结构。

只有做好中长期规划，才能清晰定位，为用户打造良好的阅读体验，这样做出来的内容才能形成品牌影响力。

（二）数据大于经验

应用换位思考和去自我中心化的方式去做选题，市场调查、选题调研和选题评估的数据比个人经验更有说服力。

1. 学会换位思考

要不断加深对用户的理解，代入用户的真实生活、工作背景，了解用户的期望和目标、现实中遇到的压力和挑战、希望解决的问题，以及全面了解他们已经尝试过哪些解决方案。只有这样，才能把自己回归到普通用户的身份，从用户的角度去审视选题，得到更贴近用户真实需求的选题。

2. 避免以自我为中心

由于个人经验在做选题的过程中起着重要的作用，这就难免代入自我偏好，陷入"我为用户代言"这一设想的选题策划陷阱中，这就需要用市场调查、选题调研和评估来系统地避免此类的问题。

二、选题策划步骤

（一）选题提案

选题策划首先要确定平台或账号运营的方向与目标人群，通过市场调查等方法评估选题的需求强度与潜在市场大小，分析市场现有产品或内容饱和的程度，找准选题的切入点和定位之后，才能开始制作产品成为内容选题提案。

（二）数据评估

1. 站内数据评估

（1）站内搜索指数，了解选题关键词在平台上的热度。

（2）站内排名靠前的文章数据，了解平台用户需求。

（3）在用户群进行内容需求调查。

2. 站外数据评估

（1）数据平台包括百度指数、搜狗指数、微信指数、易观数据等。百度指数根据需求图谱和来源相关词，为选题内容提供细节和方向。搜索指数热度指近期该关键字的搜索需求程度。通过人群属性，可以了解大众的年龄层和性别比例。

（2）媒介平台包括搜狗文章（相关内容量的储备）等。

三、选题策划技巧

（一）内视

内视是指把自己的过往了解彻底，把自己看透，一旦有需要很快就能做出调整改变。

1. 分析账号的历史发文数据

统计自己账号过往全部历史文章的数据，如图文阅读、分享量、点赞量、打开率、分享率、推送时间等数据。这些数据都是宝藏，用户的很多特征和偏爱喜好都隐藏在里面。

利用这些数据可以做到以下几点。

（1）筛选排序出阅读量最高的文章进行分析，看哪些选题用户最爱看。

（2）筛选排序出分享量最高的文章进行分析，看哪些选题用户最爱分享。

（3）筛选排序出收藏量最高的文章进行分析，看哪些选题用户最爱收藏。

（4）筛选排序出打开率最高的文章进行分析，看哪些选题打开效果最好。

分析完这些数据，就能够根据过往历史文章的数据，总结出之前受欢迎的各种选题方向了。把这些结果做成详细表格，便于以后测试、优化并升级。

2. 挖掘用户真正需求

有的时候，用户阅读数据不会体现一切，因为历史阅读数据都是在体现过去的选题方向，那没发过的呢？这个就得"问"粉丝了，他们会有很多答案，应该怎么去"问"粉丝呢？

方法有很多，例如可以在后台让粉丝投票感兴趣的选题类型；可以发起征集活动，让用户留言；也可以通过在线问卷平台进行粉丝调查；还可以在粉丝群里了解用户喜欢的选题等。

如果有时间，能够一对一地跟核心粉丝们深入交流，就能更好地了解他们的真实需求，同时也能看到平时忽略的细节。

最后把得到的这些用户感兴趣的选题方向做成详细表格，便于以后使用。

（二）外窥

外窥是指把重点对手了解彻底，并能马上做出针对性改变，即寻找与自己目标用户重合度高的账号，看这些账号在发什么内容，他们的哪些选题方向比较受用户欢迎。

1. 找到相关账号

首先要找那些内容调性、目标人群尽量符合要求的账号，这样才能保证可借鉴性及人群的精准性。

可以直接在新榜、爱微帮、西瓜助手、微指数等平台寻找大量相关的账号。还可以在平台先找到相关行业排名靠前的爆款文章，然后通过这个目标用户感兴趣的文章一步步找到他们关注的账号。

2. 分析目标账号的选题方向

有了目标账号后，要对这些目标账号进行内容选题分析，并长期观察它们。了解它们发布的内容，哪些选题方向的内容效果会比较好，并做好汇总统计。

任务四 直 通 职 场

本模块的内容是新媒体从业者尤其是"新媒体编辑""新媒体运营"及相类似岗位几乎都会接触到的工作，清楚平台或账号定位，提炼核心关键词，找到选题方向，继而深挖用户需求，细化选题方向，再为每季度、每月、每周、每天的选题做提前的规划和策划。在"直通职场"中仍然用案例讲解如何提报选题。

无论在什么类型的平台做什么行业领域的账号，都会根据时间节点、重要节日、重要纪念日等做一些热门选题，所以在做每个月选题计划的时候，一定要看这个月的时间节点并提炼出关键词，下面以4月为例。

4月的重要节点：愚人节、清明节、世界地球日、世界读书日、春游产品推广。

4月的关键词：愚人节营销、恶作剧、清明、追思、踏青、春游、阅读、环境、保护、垃圾分类、春天、素材征集。

1. 4月1日愚人节

关键词：反差营销、愚人节营销、美物、促销、恶作剧。

适合品类：全品类。

推荐功能：抽奖、答题、小游戏、拼团、砍价、邀请函。

每年愚人节，都是各品牌商家大展拳脚的时候，他们可以借势做品牌营销和产品推广。例如进行"小游戏"营销，通过趣味性游戏和用户互动；结合游戏后抽奖，将店铺优惠券、免单券、小礼品、红包设为奖品，设置线下兑奖，从而达到品牌营销、促进消费的目的。

2. 4月5日清明节

关键词：清明、郊游、祭祀、追思、摄影。

适合品类：全品类。

推荐功能：答题、小游戏、拼团、投票、邀请函、海报。

清明节是中国传统节日，无论是品牌，抑或是政府组织，都可以通过一些活动，达到提高大众关注度的目的。例如进行清明节小游戏，在传播节日元素和习俗的同时，在游戏中植入品牌特色，进行品牌宣传，清明节常见的小游戏有"清明插柳条""接住青团"等。

3. 4 月 22 日世界地球日

关键词：环境保护、地球日、垃圾、塑料袋、生态恶化、垃圾分类。

适合品类：全品类。

推荐功能：答题、小游戏、投票、抽奖。

世界地球日是为了宣传环境保护主题而设立的节日，所以无论是营销，还是知识宣传，都可以从环境保护出发。例如举办相关主题的投票活动，如"爱地球、爱环境，公益作品征集""废纸拼贴绘画"等，促进活动传播。

4. 4 月 23 日世界读书日

关键词：读书、学生、阅读、分享、知识。

适合品类：全品类。

推荐功能：答题、小游戏、投票、抽奖。

世界读书日设立的意义是希望更多的人进行写作阅读，营销时可以从这个意义去延伸。例如各单位和企业，可以举办"读书日趣味答题赢大奖"比赛，结合答题后抽奖，奖品可设置为红包，抑或是书籍、品牌产品，增加活动吸引力和活动曝光率，形成良好的裂变传播效果。

5. 春游产品推广（全 4 月）

关键词：读书、学生、阅读、分享、知识。

适合品类：全品类。

推荐功能：答题、小游戏、投票、抽奖。

4 月已经入春，是踏青出游的好时机，商家也可在此阶段做一些产品推广，如"出游产品优惠季"，通过"H5 宣传展示"进行出游产品的促销活动宣传。

任务五 1+X 实训案例

（一）任务目标

锻炼学生的选题提报和分析能力。

（二）任务背景

"1+X"自媒体运营职业技能等级证书、"1+X"新媒体运营职业技能等级证书明确要求学会提报选题。

（三）任务分析

请从美食、旅游、美妆 / 护肤、健身 / 跑步、影视、情感以上六种定位中任选其一，结合微博或者知乎的热点提交选题。

（四）举一反三

提报的选题需包含以下几个方面的内容。
（1）用户有何具体行为和表现（可在热榜热点问题回复区中查找）。
（2）用户当前的需求或兴趣点是什么。
（3）本次文案能提供的内容或解决方案是什么（提供的解决方案请尽可能详细）。
（4）本次方案能为用户带来什么利益。

营 销 实 战

在本模块的内容讲解中了解到公众号"女神进化论"的定位、内容调性和选题方向，提前做选题策划时对以上内容能有把握吗？以2019年9月30日至10月13日这两周的选题排期为例，如图4-2所示。

图4-2只列出了头条选题，二条和三条待团购或做广告的选品待确定后再加入选题中；针对周五阅读效果不理想的情况，在2019年10月4日（周五）这一天的选题上有一些新的尝试，即不是简单地鼓励消费，而是与一个场景结合起来；2019年10月12日（周六）是新的系列选题的尝试。2010年10月3日（周日）是全新栏目（男性视角）的前期测试。

日期	星期	节日	栏目	编辑	选题	详细说明	文章类型
2019/9/30	星期一		个人护理	普罗卡斯特	年轻人必须要了解的秋季护肤知识	年轻人皮肤的特点，护肤的重点，以及常犯的错误。	科普文
2019/10/1	星期二	国庆节	美妆	阿甲	我为祖国化个妆	今年国庆节适逢祖国70年大庆，全国上下一片节日气氛。如何在不同的节日里，不同的场景里做到合理搭配、合理妆容呢？自己动手画一个国旗妆吧。文案不用太复杂，可以鼓励大家交作业。	案例
2019/10/2	星期三	国庆节假期	服饰/时尚穿搭	番茄、喜多萌	我承认，我是为了能穿亲子装才生小孩的	通过acqueline的例子，引出很多妈妈都有亲子装情节，接着介绍一下在选购亲子装的时候需要注意的事项，最后再推荐一些好的亲子装品牌和搭配实例，还可以鼓励用户交作业。	案例
2019/10/3	星期四	国庆节假期	个人成长	寺主人	"女为悦己者容"时代新解：女为越己者容	新时代女性，还活在别人眼里吗？倡导"女孩子要为自己而漂亮"理念，"越己者容"越自己才会越美丽。同时可以推出一个互动话题：在你的日常打扮中，存在"女为悦己者容"的情况吗？平时会以及在多大程度上参考男朋友或异性朋友的意见？	情感文
2019/10/4	星期五	国庆节假期	服饰/时尚穿搭	乐歪歪	北京三里屯最潮单品Top 10 北京三里屯：职场女性一年必逛一次的打卡胜地	除了网上购物，线下购物逛街也是女性生活中很重要的组成部分，可以通过各个城市有代表性的线下购物场景，比如北京三里屯、上海淮海路，把需要推荐的商品推荐给用户。	购物文
2019/10/5	星期六	国庆节假期			放假了，停更		
2019/10/6	星期日	国庆节假期			放假了，停更		
第二周							
2019/10/7	星期一	重阳节 国庆节假期	个人护理	普罗卡斯特	除了银耳雪梨，秋天还有哪些敏感皮肤神奇妙招？	首先科普一下干对皮肤的影响到底在哪，为什么要保湿？如何保湿？不同地区的干燥对皮肤的影响有什么不同？如何正确地在秋季护肤？	科普文
2019/10/8	星期二	寒露	美妆	阿甲	快速搞定职场妆	职场妆容的关键点和核心要素是什么？从哪些步骤进行步骤简化？素人改造的形式。	案例
2019/10/9	星期三		服饰/时尚穿搭	番茄、喜多萌	人毕业了，你的穿着也跟着毕业了吗？	职场妆的特点，和学生时代不一样的地方，容易犯的错误等。	科普文
2019/10/10	星期四		个人成长	寺主人	金秋十月，你收获了更好的自己吗？	结合一些【女神进化论】忠实用户的故事，讲一讲这些年在她们身上发生了哪些改变，收获了什么。同时可以结合寺主人自己的经历，讲一讲在人生不同阶段对美的看法，如何才能成为更好的自己。	情感文
2019/10/11	星期五		个人护理	乐歪歪	推荐有哪些适合秋季使用的国货护肤品	可以结合某个人的具体困扰，比如肤质比较敏感，但秋季就出现问题，然后针对性地给他推荐一些良心国货护肤品。	推荐文
2019/10/12	星期六	上班	美妆	阿甲	【男朋友惊喜或惊吓系列】如何改变日常的妆容，给男朋友一个惊喜：普通女孩的逆袭	如何根据每个人的特质，来合理地尝试新的妆容风格，切换时有哪些注意事项。	案例
2019/10/13	星期日				停更		

图4-2 选题排期

1+X 证书理论练习题

一、单选题

运营一个微信公众号，做选题的根基是（　　　　）。

    A. 热点新闻　　　　　B. 账号关键词　　　　C. 用户画像　　　　D. 公众号定位

二、多选题

1. 关于产品，以下说法正确的是（　　　　）。

    A. 抖音 App 是字节跳动公司旗下的产品

    B. 公众号"女神进化论"是微信的产品

    C. 小红书账号是账号所有者的产品，而不属于小红书

    D. 公众号是账号所有者的产品，微信是他们的平台

2. 产品定位主要从（　　　）方面进行。

    A. 目标用户分析　　B. 内容定位分析　　C. 关键词分析　　　D. 运营方向分析

三、判断题

1. 产品的定位是一成不变的，一旦确定不可更改。　　　　　　　　　　　　（　　　）

2. 任何一个产品或账号的用户，都要经历激活、转化、留存、唤醒、召回五个阶段的生命周期。　　　　　　　　　　　　　　　　　　　　　　　　　　　　（　　　）

3. 深挖用户需求要通过多种调研方式，直接问用户想要看什么。　　　　　　（　　　）

4. 做选题时要回归到普通用户的身份，从用户的角度去审视选题，这样才能更贴近用户的真实需求。　　　　　　　　　　　　　　　　　　　　　　　　　（　　　）

参 考 答 案

一、D

二、1. ACD　　2. ACD

三、1. ×　　2. √　　3. √　　4. √

在线自测题

模块五

收集文章素材

学习目标

1. 知识目标
   全方位认识收集素材的多个平台。
2. 技能目标
   （1）学会素材搜索的四个小技巧。
   （2）掌握建立素材库的方法并尝试建立自己的素材库。
3. 素养目标
   （1）认识稳定输入的重要性。
   （2）尝试运用一些素材整合成文。

思维导图

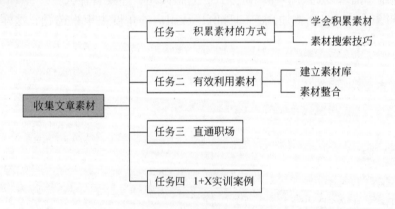

任务一　积累素材的方式

要写好文章，一定要素材丰富。如果要写一篇文章，则要去看至少 100 篇相关的文章，以收集素材。有时写不出文章，很大原因就是素材积累不足，输入量不够。所以一位写作者日常工作中最重要的是收集写作素材。

教学视频

一、学会积累素材

写好一篇文章的过程，就像拼一块巨大的拼图，想要完成这幅拼图，不可或缺的一步就是素材的收集。

在拼图的时候，往往会按照颜色、图案和形状先对拼图进行分类，至少要先把边角找出来。收集文章素材时也一样，需要先在互联网的海量信息中找到自己的素材库，然后把它们分门别类地存放好，需要调用时，会更加得心应手。

（一）确保输入稳定

有稳定输入才能持续输出，对于写作者，稳定输入非常重要。

（1）严格保证每日阅读量，大部分人很难真正做到，可这才是最重要的一环。

（2）平日生活中，如听人聊天、看电影、听音乐等总会发生很多趣事，产生很多灵感，这时要把它们记录下来，养成随手记录的好习惯，在文章中需要举例论证时可以成为很好的素材。

（3）坚持写日记也会受益良多。日记是一种对生活的记录，每天把自己的故事、感想记录下来，能成为很重要的素材来源，因为再没有什么能比一个真实的故事更感人。

（4）在计算机端各大平台看到有价值的信息、案例、网友评论都可记录下来。利用很多碎片化的时间浏览手机和各大 App 时会发现各种各样的素材，学会分类整理，有意识地积累，并时常复习，当需要用素材的时候可以直接在素材库取用，或者经常翻看素材库看现有素材能否形成一篇生动的文章。

（二）收集素材的网络平台推荐

无论是计算机端还是手机端，网络世界拥有海量的信息，新媒体时代，网络之于写作意义巨大。常用的网络工具如百度、微信、微博、知乎等，都可以帮助作者迅速找到素材。不确定的人名、地名、时间、事件等都可以通过搜索引擎得到确认。

除此之外，网络上还汇集了大众的各种意见，对同一个事件，公众会产生不同的评论，从中能得到一个相对全面的态度体系。

1. 微信

微信公众平台是目前商业价值最高的内容平台，通过设定筛选条件，搜索公众号生态里的优质文章，对素材的获取甚至观点深化，都会有很好的启发。

微信公众号中不排除有一些文章用夸张的标题吸引人点击查看，这些文章的内容质量可能不高，但不用受它们内容本身的影响，它们可以快速提醒读者要研究的事件、人物有哪些看点，通过快速浏览，转而自己去找更权威的资料来还原事情的真相。

2. 微博

微博的宣传语是"随时随地发现新鲜事"，这是它的优势，微博是热点事件最先爆发和传播最快的地方，如果想搜集热点素材，微博是最好的工具。

在微博可以搜索与自己选题相关的有影响力的用户或话题，并通过这些有影响力的用户的关注群体进行链式扩散，拓展素材来源。在微博的热门榜单、话题中筛选，找出相关话题中比较热门的内容，浏览反应热烈的网友评论及回复。

微博的热搜版块，聚拢了该领域的精华素材，可以更精准高效地找到想要的内容，微博也是一个诞生网络金句素材的平台。

3. 知乎

知乎上有很多有影响力的用户，他们撰写的内容质量相对较高，在知乎平台内容的生产机制下，形成了很多专题，也衍生出一个新的精选问答App——知乎日报。在这个平台中可以搜索不同答主对于同一个话题的不同输出和解读，还可以从"精华"区查找答案，搜索的效率更高。

知乎的特点是内容质量高，素材有深度，搜索效率高。如果想要在同类事件中输出新颖的视角和深度内容，知乎是个不错的搜索渠道。

4. 百度

"百度一下，你就知道"，用百度搜索，是平日最常用的搜索习惯，百度的优势是信息量巨大，可以搜到全网的资源。

百度旗下有很多产品：百度百科（全球最大的中文百科全书）、百度贴吧（全球最大的中文社区）、百度文库（让每个人平等地提升自我）、百度阅读（上万本优质图书免费阅读）。

人们需要多渠道、多维度地搜索不同的素材，在搜索的过程中，掌握不同渠道的内容特点，用多关键字的不同组合方式，让搜索更精准。最后要达到的目的是选取最贴近文章主题的素材，提高文章的内容竞争力。

5. 各种榜单

（1）百度搜索风云榜。百度搜索风云榜是百度以数亿网民的每日搜索行为作为数据基础，建立的权威全面的各类关键词排行榜，包括娱乐、人物、小说、热点、汽车等行业的热搜数据。

（2）新榜（内容创业平台）。新榜指数是提供微信公众号、小红书、抖音、快手、哔哩哔哩等重要平台内容数据价值评估的第三方机构，实时发布影响力排行榜，哪些账号、文章、短视频最热门，一目了然。

（3）头条指数。基于今日头条的大数据分析，反映出用户在智能分发下的阅读及互动行为。通过数据挖掘和数据分析，捕捉即时热点，预测可能的热点，为个人或企业提供热点事件的数据分析。

（4）腾讯浏览指数。依托腾讯海量的浏览数据，通过大数据挖掘洞察移动网民关注的热点，了解移动网民的浏览行为，构建精准用户行为分析。目前涵盖了人物、汽车、手机、化妆品等多个行业的热度排行。

（5）清博大数据。清博大数据是中国新媒体大数据权威平台，拥有清博指数、清博舆情等多个核心产品，提供微信、微博、头条号等新媒体排行榜。

（6）微指数。微指数是国内领先的微信大数据领导品牌，为广告公司、微信号运营者、新媒体行业和传统企业机构提供微信运营、微信营销、微信推广相关的最专业的大数据服务。

二、素材搜索技巧

互联网时代主要从网络渠道获取素材，"搜索"是经常用到的动作，以下四个实用的搜索小技巧，可以更精准、迅速地搜索到所需素材。

（1）双引号：精准式搜索。

格式："关键词"。

搜索结果：找到更精准的关键词资料，如图5-1所示。

（2）加减号：去除广告。

格式：关键词 ± 关键词。

搜索结果：可去除除关键词之外的内容，如图5-2所示。

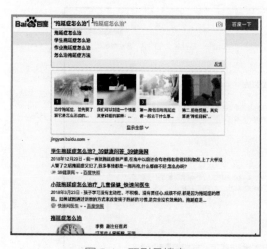

图 5-1 双引号搜索

图 5-2 加减号搜索

（3）site：在某个固定网站中快速找到需要的信息指令。

格式：关键词 + 空格 +site+ 冒号 + 域名。

搜索结果：找到某一个指定网站内的关键词内容，如图5-3所示。

（4）filetype：快速找到某个文件类型的指令。

格式：关键词 + 空格 +filetype+ 冒号 + 文件格式。

图 5-3 site 搜索

搜索结果：找到指定文件格式的文件资料，文件格式包括 DOC、PDF、XLS、MP3、PPT 等，如图 5-4 所示。

图 5-4 filetype 搜索

任务二　有效利用素材

前期为写作创作积累了大量素材，在真正的写作过程中，如何去筛选、整理这些素材，如何有效运用，如何将它们有机组织在一起，将它们变身为新内容，是本任务主要探讨的问题。

教学视频

一、建立素材库

平日里随时会看到、听到各种素材，它们会以文字、图片或视频的形式保存在计算机里，非常杂乱，不利于以后查找使用。所以应对自己收集到的这些素材做分类整理，建立素材库，对素材进行命名，方便日后查找。

另外，对收集分类好的现有素材，要经常翻看复习，否则需要素材的时候，可能会忘记曾经保存过的素材而错过它们。面对同样的主题，有的人绞尽脑汁，胸中有万语，然而笔下无一字；而另一些人则能轻易地旁征博引、下笔千言，区别就在于素材库的体量内容和索引的方便程度不同。

1. 按照案例和观点分类

案例是对现实或者事件的陈述，要基于直接的证据、现实经验或者观察，是可以被证实的；观点是对某一个话题的感受、看法、思考、信念，是对人或者事情的判断。

观点往往是文章的骨架，传达作者的行文意图，而案例则是填充进去的血肉。

另外，对于案例和观点素材使用方法是不一样的，对于他人的观点，日后可以直接引用、复述、评价和驳斥；而一个精彩的案例往往会被作为论据来支撑自己的观点，使自己的文章更加丰满。

2. 按照主题分类

日常用到的关键词包括"爱国""生态""责任""奉献""诚实""文化""人生态度"等，可以按照这些主题进行积累，"爱国"主题的论据可以放在一起，"责任"主题的论据又放在一起。

又或者金融领域的作者，网盘素材库可以做如图 5-5 所示的分类。

按主题进行分类，遇到相应主题的时候，就可以从这个"主题库"里快速选出最合适、最切题的素材。

3. 善用整理工具

手机备忘录、印象笔记、石墨文档、Xmind 等都是很好的工具，手机阅读时发现比较好的内容，用石墨文档 App 保存，用计算机阅读时可直接在石墨文档记笔记，石墨文档有个很好的功能，可以对内容添加评论；印象笔记也是颇受欢迎的工具，强大的特点在于

文件名	大小	类型	修改时间 ↓
11.课程思政优秀教学案例1000+门-...	-	文件夹	2024.01.29 07:23
12.课题申报全攻略资料-23年年终福利	-	文件夹	2024.01.29 07:23
13. 审核评估自评报告-23年年终福利	-	文件夹	2024.01.29 07:23
14.教学能力大赛资料	-	文件夹	2024.01.29 07:23
15.党的二十大&党建-23年年终福利	-	文件夹	2024.01.29 07:23
16.教育大会资料-23年年终福利	-	文件夹	2024.01.29 07:23
17. 名师工作室申报材料-23年年终福利	-	文件夹	2024.01.29 07:23
18. 2023前沿报告合集-23年年终福利	-	文件夹	2024.01.29 07:23
19. 政策汇总-国家及地方教育工作要...	-	文件夹	2024.01.29 07:23
2.专家课件分享500套-23年年终福利	-	文件夹	2024.01.29 07:23
20.教学能力大赛资料-23年年终福利	-	文件夹	2024.01.29 07:23

图 5-5　网盘素材库分类

可以检索图片上的内容。

此外还有语音输入工具，如讯飞语音输入法，非常实用，例如正走在路上，突然脑海中灵光乍现，需要表达记录下来，可以一边走路一边说。那些吉光片羽的零碎思考，如果不及时记下，则很容易被遗忘。但是如果坚持记录，很多都能延伸扩展成不错的内容。

4. 经常翻看素材库

通过使用石墨文档等工具，基本上可以随时查看素材库，要经常翻看素材库内容，并且穿插着阅读不同领域的素材，例如历史、财经、情感等不同类别。这种方法会让人回忆起一些曾经看到的内容，并且产生有新的感受。

素材库的建立是为了更好地进行创作，不仅要快速建立起自己的素材库，还要多去翻看，时常回忆，随时增补优质内容，避免"看过就忘掉"的浪费，以便写作过程中快速找到有用的素材。

随着素材库的逐渐丰富，写作灵感和创意也会源源不断地产生，只要科学地建立素材库，这些素材都可以为创作服务。

二、素材整合

将收集到的素材进行取舍、整合是创作成文的最后一步，收集的各项关于主题的材料中，有些并不全然适合，要将冗繁支离的删去，选择材料的标准，一是适切题目，二是注重特色。

整合成文时要注意顺序，以观察为标准将整理好的材料放在一起，然后修改润色。

以《游西湖记》为例，具体有以下素材。

（1）西湖在杭州城西，又名西子湖。

（2）湖直径约十余里，游船往来如织。

（3）水很清，可望见游鱼。

（4）别庄、祠堂相望，风景优美。

（5）一面滨市，三面皆山。

（6）山峰连续，最高者是北高峰。

（7）春夏游人最多，外国游客也不少。

（8）坐小舟行湖中，如入画图。

（9）有苏、白二堤，蜿蜒湖中。

（10）有林和靖墓、苏小小墓、岳坟等古迹。

（11）有名的山有北高峰、葛岭、孤山、南屏山等。

（12）寺观林立，钟声时时传到游人的耳际。

（13）某别庄正在那里开工建设。

（14）四围多垂柳，远望如绿烟。

（15）有人在那里钓鱼。

其中，（13）（某别庄正在那里开工建设）不是《游西湖记》的材料，（15）（有人在那里钓鱼）不是西湖的特色，所以不适合题目，应该舍去。

（2）的后半部（游船往来如织）和（7）（外国人游客也不少）都是记述游人的情况，可以合并在一起；（6）（山峰连续，最高者是北高峰）和材料（11）（有名的山有北高峰、葛岭、孤山、南屏山等）都是记述山的，也可以合并。

通过对现有素材的分析取舍和整合，可写出如下的《游西湖记》。

西湖又名西子湖，在杭州城西。湖径广约十几里，一面滨市，三面皆山。山峰连续，最高的是北高峰，此外有名的有葛岭、孤山、南屏山等。苏、白二堤蜿蜒湖中。湖畔有林和靖墓、苏小小墓、岳坟等古迹，别庄、祠堂相望。寺观林立，钟声时时传到游人耳际，湖水清浅，可望见游鱼。四围多垂柳，远望如绿烟。坐小船行湖中，好像入画图。春夏间游人最多，游船往来如织，外国人慕名来游玩的也不少。

任务三 直通职场

本模块的内容对应营销软文的营销，重点是写作前的素材收集、整理、分类等，主要对应"新媒体编辑""文案编辑"等需要文章写作的岗位。

文案编辑工作中经常会有这样的烦恼：有主题有思路，就是找不到素材来支撑；有一堆素材，写的时候一个都用不上；拿到一个素材觉得很好，却不知道可以用在哪里。

其实，会出现这些问题，一是平时不注意素材积累，二是遇到素材之后，没有对素材进行思考，没有提炼出关键词和主题思想，导致在需要使用的时候，无法将这些素材很好地串联起来。

在日常工作中很容易遇到这样的问题：积累素材之后，如何快速地从素材里整理出一篇文章？

其实完成一篇文章最快速的 3 个步骤就是：找出主题，列出框架，用素材填补内容。这 3 个步骤具体如何实现呢？

（一）找主题

作者把一个案例写出来之后，再对这些案例进行分析总结，写出来这些案例的适用范围以及主题关键词。

（二）列框架

从现有素材案例中提取出观点，作为文章大纲。例如为《做人最大的智慧：懂得换位思考》，其大纲有以下 3 个：懂得换位思考，可以避免尴尬；懂得换位思考，可以赢得尊重；懂得换位思考，可以化解矛盾。

（三）填内容

有了文章的大纲框架之后，需要把文章的内容填充进去，一篇完整的文章就完成了。

任务四　1+X 实训案例

（一）任务目标

某公司需要一篇干预瘦身饮食的原创文章。

（二）任务背景

"1+X"自媒体运营职业技能等级证书、"1+X"新媒体运营职业技能等级证书明确要求掌握营销软文的素材收集和写作。

（三）任务分析

公司产品是健身产品，目标用户是 20~30 岁的年轻女性，产品社区内已经有一些用户分享过的文章，以及公司资料库也有一些素材。

文章使用"为什么＋怎么办"的结构，文章标题为《努力健身还是瘦不下去，因为吃得不对》，文章开头指出"为什么做了很多运动，还是瘦不下来？"，吸引读者注意力，具体到"怎么办"，引用公司现有的有效瘦身的素材，进一步引出公司的健身产品，推荐给目标用户。

（四）举一反三

无论是什么行业、什么产品，注意收集整理相关素材，有助于有针对性地写出好的营销软文，搭好文章架构，用素材填充内容。

营 销 实 战

新媒体领域如何积累整理写作素材？新媒体写作的十大素材包括：励志观点类，情感观点类，婚恋情感故事号，育儿干货类，问答类，商业娱乐类，热点时评类，人文艺术/影评/书评，人物采访，娱乐八卦。

怎样判断素材有没有"价值"呢？判断标准是内容要有用、有趣、有益、有关。

有用：能丰富人的精神层面的观念、信仰、谋略、方案、策划、新思维等。

有趣：素材要有故事性，好玩，有味道，让人看了开心或感动。

有益：一个负责任的新媒体人，不仅追求"有用""有趣"，还应追求有益。

有关：与我有关，与你有关，与大家有关，才能引起共鸣和关注。

微信公众号"樊登读书"（帆书）的文章《人与人之间最舒服的关系，是保持"分享欲"》运用了观点加实例的写作方法，全文围绕一个主题的核心观点，然后用多个案例来论证这个观点。文章用6个例子来论证"分享欲"在人际关系中的重要性，这6个例子中涉及爱情、亲情、友情3种不同的人际关系，虽然人际关系并不相同，但"分享欲"同样重要。用观点+实例的文章结构按照下面3个部分展开文章。

第一部分，在开头或在标题处引入主题和观点，选取的观点应尽量吸引人，有讨论度。

第二部分，通过多个故事解释、分析这个观点。

第三部分，结尾升华文章，通过重述观点，回到现实。

1+X 证书理论练习题

一、单选题

1. 以下（ ）不能作为写作素材。

　　A. 阅读笔记　　　　B. 灵感日记　　　　C. 被禁内容　　　　D. 网友评论

2. 目前商业价值最高的内容平台是（ ）。

　　A. 微博　　　　　　B. 知乎　　　　　　C. 小红书　　　　　D. 微信公众平台

3. "随时随地发现新鲜事"是（ ）的宣传语。

　　A. 微信　　　　　　B. 微博　　　　　　C. 抖音　　　　　　D. 知乎

4. 内容质量高、观点有深度、搜索效率高是（　　　）的特点。

    A. 小红书　　　　　B. 微博　　　　　　C. 抖音　　　　　　D. 知乎

二、多选题

1. 收集素材可用的网络平台包括（　　　）。

    A. 微信公众平台　　B. 微博　　　　　　C. 知乎　　　　　　D. 百度

2. 收集素材可用的榜单包括（　　　）。

    A. 百度风云榜　　　B. 新榜　　　　　　C. 头条指数　　　　D. 清博大数据

3. 建立写作素材库常用的整理工具包括（　　　）。

    A. 手机备忘录　　　B. 印象笔记　　　　C. 石墨文档　　　　D. Xmind

4. 完成一篇文章，最快的 3 个步骤是（　　　）。

    A. 找主题　　　　　B. 列框架　　　　　C. 填内容　　　　　D. 写结尾

5. 收集到的写作素材，是否有价值的标准包括（　　　）。

    A. 有用　　　　　　B. 有趣　　　　　　C. 有益　　　　　　D. 有关

三、判断题

1. 严格保证每日阅读量，是确保稳定输入最重要的一环。　　　　　　　　　　（　　　）

2. 百度百科、百度贴吧、百度文库、百度阅读都是百度旗下的产品。　　　　（　　　）

3. 用百度搜索时，输入关键词时用双引号把关键词引起来，能够得到更精准的搜索结果。　　　　　　　　　　　　　　　　　　　　　　　　　　　　　　　　　　（　　　）

4. 用百度搜索时，快速找到某个文件类型的指令是 site。　　　　　　　　　（　　　）

5. 建立素材库是为了更好地创作，素材库建好就可以了，不用经常去翻看。（　　　）

6. 可以检索到图片上内容的工具是石墨文档。　　　　　　　　　　　　　　（　　　）

7. 素材整合的时候，由于收集的各项关于主题的材料中有些并不全然适合，因此要将冗繁支离的部分删去。　　　　　　　　　　　　　　　　　　　　　　　　　　（　　　）

8. 建立素材库的时候，可以将素材分为案例类和观点类。　　　　　　　　　（　　　）

参 考 答 案

一、　1. C　　　　2. D　　　　3. B　　　　4. D

二、　1. ABCD　2. ABCD　3. ABCD　4. ABC　　5. ABCD

三、　1. √　　　　2. √　　　　3. √　　　　4. ×　　　　5. ×　　　6. ×　　　7. √　　　8. √

在线自测题

模 块 六

制作海报和图片

学习目标

1. 知识目标
   （1）认识设计制作海报和图片的常用工具。
   （2）认识海报设计的常见风格。
2. 技能目标
   （1）学会用工具设计海报。
   （2）学会用工具制作封面图。
3. 素养目标
   （1）了解海报设计的注意事项。
   （2）能够从图片素材来源网站找到所需图片。

思维导图

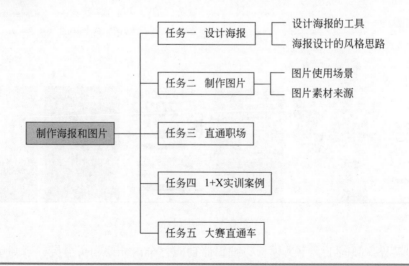

任务一 设计海报

海报作为一种传统张贴物，经历了从最初的传统影视海报，到广告宣传海报，再到新媒体时代的电子海报这一演变过程。海报的制作手法，也从早期的文字搭配实景照片的简单组合，发展到如今重创意设计的精品化时代。

海报作为轻量化新媒体产品的代表，触达用户的路径更短、曝光率更高，具有天然的社交属性，能够打破平台之间的社交壁垒。

教学视频

一、设计海报的工具

如何制作一款成功的创意海报，成为许多新媒体从业者研究和努力的方向，基于这一市场需求，计算机端甚至手机端，陆续出现了方便好用的海报设计工具，极大提高了海报的制作效率，即使没有设计功底的新媒体从业者也能轻松制作出醒目生动、情绪饱满的海报（制作图片同样可以用这些工具）。

（1）稿定设计。分类精准种类多，标准模板符合审美，功能模块简单易用，有版权保障，如图 6-1 所示。

图 6-1 稿定设计

（2）创客贴。倾向于文字类模板，编辑器功能齐全，需要购买会员，否则单个购买价格较高，如图 6-2 所示。

（3）Canva 可画。清新干净的简约风，编辑功能齐全，免费专区的模板，只能用于个人用途和公益用途，不能商用，下载图片可以转换为视频的格式进行输出，如图 6-3 所示。

演示动画

图 6-2　创客贴

演示动画

图 6-3　Canva 可画

（4）图怪兽。与千库网、千图网同属一家公司，所以共用很多素材，在模板的风格和类型上有一定的"年代感"，对于版权有明确的风险提示，如图 6-4 所示。

图 6-4　图怪兽

（5）Fotor 懒设计。以"文字类"海报为主，风格更年轻化，对于版权没有明确的提示，如图 6-5 所示。

图 6-5　Fotor 懒设计

二、海报设计的风格思路

新媒体海报具有制作便捷、直观醒目、社交属性强等特点，能够满足人们在快节奏生活的影响下，在尽可能短的时间内吸收到更多有用信息的诉求。

（一）海报设计的风格

1. 极简风格海报

少即是多，通过一些有影响力的设计元素来传达关于品牌、事件或产品的所有内容，不管是采用极简主义图形还是留白，不需要大量华丽的元素也可以完成设计任务。

简单而有品位，这种品位体现在对设计上的细节的把握，每一个细小的局部和装饰，都要经过深思熟虑，这是一种不容易达到的效果，如图 6-6 所示。

2. 色彩风格海报

在海报设计中使用高饱和度的色彩搭配，具有强烈的视觉冲击力，能很快吸引人们的注意力，并且根据选择的颜色，有助于加强品牌形象。重要的是要战略性地思考所选择的颜色，一般情况下，儿童用品的公司、饮料系列，或者音乐会这类需要点燃人们激情的场景，应该使用五颜六色的海报来刺激人的感官，让人感觉充满

图 6-6　极简风格海报

活力，如图 6-7 所示。

3. 空间 / 透视 / 立体风格海报

空间 / 透视 / 立体风格在海报中的应用也很常见，主要是利用文字和面状图形，通过明暗对比和位置、角度的变化，将文字和平面在画布中排版出一种透视效果和空间视觉效果。这样的设计方式打破了常规呆板的设计画面，营造了一种新的视觉效果，使画面感更加强烈，也使用户有欲望欣赏整个空间画面，更有代入感，这样的设计方式多用于纯文字无图无产品的海报设计，如图 6-8 所示。

图 6-7　色彩风格海报　　　　　　　　图 6-8　空间 / 透视 / 立体风格海报

4. 科技风格海报

科技风格海报一般体现科学技术的强大和时代的进步，也多用于体现科技产品的高端，所以这样的风格多用于新科技的发布和科技产品的宣传使用。多采用蓝色和紫色，体现科技感，但是很多科技电影的海报设计也采用黑金配色，这个要根据主题需求及想要传达出的意思而定，其最大的特点是科技感、质感，如图 6-9 所示。

5. 复古风格海报

复古风格的设计卷土重来，包括海报设计，如果海报设计的目的有复古的要求，或者只是想与观众建立一种怀旧联系，则可以在海报中加入复古元素，如图 6-10 所示。

图 6-9 科技风格海报

图 6-10 复古风格海报

6. 波普风格海报

　　波普风格是一种流行风格,它以一种艺术表现形式在 20 世纪 50 年代中期诞生于英国,又称"新写实主义"和"新达达主义",它反对一切虚无主义思想,通过塑造那些夸张的、视觉感强的、比现实生活更典型的形象来表达一种实实在在的写实主义。波普艺术最主要的表现形式就是图形,主要体现与年轻人有关的生活用品等方面,如古怪家具、迷你裙、流行音乐会等,如图 6-11 所示。

7. 孟菲斯风格海报

孟菲斯风格海报的设计都尽力去表现各种富于个性化的文化内涵，从天真滑稽到怪诞离奇等不同风格，在色彩上常常故意打破配色规律，喜欢用一些明快、风趣、彩度高的明亮色调，特别是粉红、粉绿等艳俗的色彩。跟传统的设计强调有序不同，孟菲斯风格的设计喜欢用凌乱和自由的组合方式，各式各样的几何图案是孟菲斯风格的经典元素，以正方形、圆形或三角形为主，如图 6-12 所示。

图 6-11　波普风格海报　　　　　　　　图 6-12　孟菲斯风格海报

8. 故障风格海报

故障艺术就是利用事物形成的故障，进行艺术加工。常见的电视机或者计算机等设备的软件、硬件出现问题后，可能会出现视频、音频播放异常，导致画面失真、破碎，图片有缺陷、颜色失真等问题。这种效果被设计师应用在设计中，完美地体现了故障效果带来的一种新的视觉效果，如图 6-13 所示。

9. 剪纸风格海报

剪纸又叫刻纸，是一种镂空艺术，是中国汉族最古老的民间艺术之一，其在视觉上给人以透空的感觉和艺术享受。剪纸艺术是汉族传统的民间工艺，它源远流长，经久不衰，是中国民间艺术中的瑰宝，已成为世界艺术宝库中的一种珍藏。那质朴、生动有趣的艺术造型，有着独特的艺术魅力。

其特点主要表现在空间观念的二维性，刀味纸感，线条与装饰，写意与寓意等许多方面。剪纸的画面线条力求单纯、朴实，并能有机地联结在一起；画面丰满均匀，有的还讲

图 6-13　故障风格海报

究对称,所表现的形象既有艺术的夸张、变形,又富于图案美感,既有民族风格,又富有浓厚的装饰趣味,并给人明快的感觉,如图 6-14 所示。

图 6-14　剪纸风格海报

10. 中国风海报

中国风即中国风格,是建立在中国传统文化的基础上,蕴含大量中国元素并适应全球流行趋势的艺术形式或生活方式,运用中国风的设计方式,传递一种特定的精神和风味。

　　中国风的海报设计最大的特点就是利用中国一些特定的有意义的元素，将它们应用在画面设计中，传达出一种中国风的视觉，并表达了中国精神的含义。

　　中国风含有的元素有书法、京燕、唐装、福娃、国画、京剧、龙舟、龙袍、古琴、古筝、墨色、中国红、风筝、空竹、鹤、蝈蝈、祥云、笼、金鱼缸、绸缎、瓷器、毛笔、砚台、宣纸、笔架山、印章、漆雕、唐三彩、兵马俑、楼阁、景泰蓝、搪瓷、青花图案、旗袍、中国结、汤圆、玉、对联、牡丹花、荷花、陶瓷、围棋等，如图 6-15 所示。

图 6-15　中国风海报

11. 国潮风海报

　　"国潮"成为年轻人的时尚文化新潮流，越来越多的年轻人将"国潮"作为表达自我情怀和时尚态度的新形式，一股"国潮风暴"悄然刮起，已成为一股不可小觑的力量，并逐渐打破了以往美国、日本长期主导的世界潮流的格局。国潮风也带有一股中国风的韵味，但是相比于传统的中国风，国潮风更加时尚，更符合年轻时尚的人群，在排版用色上也更加大胆，如图 6-16 所示。

图 6-16　国潮风海报

（二）海报设计的注意事项

海报设计的方法技巧和注意事项，从信息归纳到版式、字体、配色方案等，都有相应的方法可借鉴。

1. 信息归纳

制作海报的第一步是整理海报的文字信息，一张海报和报纸的文案一样，都先要有重要的内容吸引读者注意力，然后依次看其他的信息，本质上就是要迎合人们在阅读上的习惯。要突出重点，对非重点内容进行弱化处理。

2. 注意重心轴线

重心与轴线是版面的核心，它们决定了一张海报最后出来的样式。版面的三个主要元素"点、线、面"围绕着轴线与重心排版，如图6-17所示。

点：重点内容（通常会被优先看见），它可以是一个字或者一个符号。

线：一条单独的内容，例如一串电话号码、一个标题或一句话。

面：版面的重心，可以是一大段文字或一张图片。

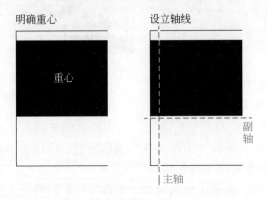

图 6-17　围绕轴线与重心排版

3. 控制种类

做一张海报时，字体的种类太多，就会显得杂乱。但是种类太少或只有一种，又会让人觉得单调。无论是字体、颜色、字号、字距都应控制在三种之内，且必须用心谨慎地去选择，任何选择都要迎合海报的主题。

任务二　制作图片

在读图时代，作为视觉化呈现的重要一环，图片的重要性不言而喻。无论是微信公众号、头条号还是百家号，都需要为文章配图。与传统媒体不同的是，新媒体配图更加多样化，既有常规的图片插入，又有衬托文字

教学视频

场景的 GIF 动图，还有承载更多内容的信息长图等。

一、图片使用场景

作为一名合格的新媒体人，不仅要产出优质的内容，还要会制作精美的图片。新媒体人制作出来的图片一般会运用在封面或者文章内容中。

1. 封面图

封面图作为进入读者视线的第一张图，其重要性不言而喻，直接影响读者的第一印象，封面设计得好，会让人眼前一亮，反之就会大打折扣。目前新媒体封面图主要有以下两种形式。

（1）直接使用图片作为封面图。

（2）将添加文字以突出文章主题的图片作为封面图。

好的封面是什么标准呢？首先整体配色要舒服，如果在这方面没有头绪，则可以去一些学配色的网站寻找灵感。

然后就是整体风格的统一，如果封面是紫色和白色的，则后面的图片搭配也要遵循这个风格。

在文字排版方面，要尽量地简洁明了，如果想让整篇文章更加清楚，最好在封面上列好提纲。

2. 文章插图

文章插图的作用是缓解阅读疲劳，增加文章的真实性。

一篇文章如果没有适当的图片加以辅助，则用户很快就会失去看下去的欲望，所以在文章中加以适当的图片还是很有必要的。

需要注意的是，文章插图最好不要用商业图，因为这样可能会引起版权纠纷。

最好使用一些真实的图片，这样会使文章的内容更加贴近读者，让读者产生同理心。

二、图片素材来源

新手作者在写新媒体文章的时候都有一个困扰，即辛辛苦苦写好了一篇质量不错的文章，但苦于找不到合适的图片来搭配。

百度图片本是最大的素材库，可是百度引擎在抓取图片时是不分途径来源的，即有些图片可能是有版权的，如果贸然使用，则可能会陷进版权纠纷中。要怎么样才能得到那些可以用于商用，又没有版权纠纷的图片素材呢？以下将列举一些好用的图片素材库。

1. Pexels

Pexels 是一个提供海量共享图片素材的网站，每周都会定量更新，照片都是由专人在众多图片中精心挑选而来的，里面有大量免费可商用的图片，使用时注意查看。搜索时可以按搜索热度，或按颜色等标准来筛选图片，可以下载各种分辨率的图片，包括原图尺寸。

2. Pixabay

Pixabay 是一个支持中文搜索的国外无版权图片素材网站，里面有大量不同类型的图

片，打开速度很快，图片也完美解决了各个场景的分辨率要求，是一个图片搜索的有效工具。

3. Unsplash

Unsplash 是一个拥有大量免费高质量照片的网站，每天更新一张高质量的图片素材，各种素材场景分类清晰，非常值得收藏。

在使用时，除了不能将图片素材转载到其他图库平台外，所有图片均可以选择自由使用，使用时标注来源，目前很多自媒体账号都在使用这个网站。

4. Gratisography

Gratisography 是一个免费的高质量图片素材网站，图片可以用于个人或者商业用途，每周都会更新图片。虽然这个网站里的素材数量比上面几个要少，但是这里的图片特色非常明显，想象力和创意感更强。

5. VisualHunt

VisualHunt 收录着大量丰富免费的图片，其中很多都是以 CC0（Creative Commons 0）授权的免费高画质图片，个人使用或商业使用都可以。

它的亮点是可以通过颜色查找图片，如果要找特定颜色的图片，则只需单击相应的色条，选择后，就会出来同样色系的图片素材，上方还能选择授权类型。

6. Giphy

Giphy 是目前最大的 GIF 搜索引擎，资源很多，各种流派、各种风格应有尽有，还有很多大家喜闻乐见的录屏 GIF，包含各种影视综艺节目的有趣动图和可爱动物的动图。基本上，Giphy 可以满足绝大部分的动图需求。

7. SOOGIF

SOOGIF 是一个非常专业的动图网站，提供 GIF 动图全搜索功能。微信公众号、微博、新媒体想要的 GIF 动图素材，都可在这个网站进行搜索。

此外它还有很多在线的 GIF 工具，对 GIF 图片进行裁剪、编辑、压缩等都没问题。

任务三　直通职场

本模块的内容对应新媒体从业者的日常工作，除了会写作文案，还要会制作传播更便捷的海报，并为文案搭配合适的图片，主要对应"新媒体运营""新媒体编辑"等岗位。

使用"创客贴"制作公众号封面图

（1）打开"创客贴"网站，进入模板中心，选择模板分类，选择社交媒体和公众号文章首图，可以看到有很多尺寸符合需求的图片模板。

（2）选择合适的模板，鼠标光标就有使用的标志出现，单击即可开始使用。模板打开之后上面的文字都是可以修改的，可以自由拖动，字体使用是要付费的，使用原模板的字体则不需要支付费用。

（3）单击原有的背景图片，用退格键或者 Delete 键即可删除，可以自行上传图片作为背景，或者在系统自带的图片素材中进行选择。

（4）插入一张白色或者灰色的图片，调节位置，选择透明度即可做成蒙版效果。

（5）做好的图片像素质量足够，有特殊需求的可以按照需求下载图片，然后加入微信公众号编辑后台。

任务四　1+X 实训案例

（一）任务目标

用计算机端或手机端工具制作一张海报。

（二）任务背景

1+X 自媒体运营职业技能等级证书、1+X 新媒体运营职业技能等级证书明确要求会使用工具设计制作海报和图片。

（三）任务分析

无论是计算机网页端还是手机 App 都有很好用的海报制作工具，没有设计基础的用户也可以根据工具所给出的模板，轻松地制作出一份合格的海报。

（四）举一反三

用工具制作海报很简单，与之相比，更重要的是审美，所以新媒体人想要做出优秀的海报，仅能熟练使用工具是远远不够的，还需要不断提升自己的审美水平，多看，多分析，由量变发生质变。

任务五　大赛直通车

2021 年，为庆祝中国共产党成立 100 周年，人民日报社新媒体中心与中共嘉兴市委宣传部合作，联合主办"百年青春"海报设计大赛暨线下展览。赛事推出后，三个月内收到共计 3319 件平面、动态海报投稿作品，与 80 幅业内顶尖设计师的海报邀约作品，如图 6-18 所示。

虽然不是专门面向大学生的大赛，却是专门的海报设计大赛，在校大学生也可以参加。

图6-18　线下展览

营销实战

在营销中，海报是快速吸引用户注意的最佳方式，从整体的视觉效果到文案、设计元素等细节都十分有讲究。

某品牌借节气营销自己的产品，其海报设计得极富意境，渲染一派岁月静好的氛围，丝毫没有一般产品宣传广告的生硬、突兀之感，如图6-19所示。

图6-19　节气海报

1+X 证书理论练习题

一、单选题

1. 海报的演变历程，经历了从最初的（　　），到广告宣传海报，再到电子海报这一演变过程。

    A. 电子海报　　　　　　　　　　　　B. 广告宣传海报

    C. 文化海报　　　　　　　　　　　　D. 传统影视海报

2. 清新干净的简约风，免费专区的模板，只能用于个人用途和公益用途，不能商用，是（　　）的工具特点。

    A. 稿定设计　　　B. 创客贴　　　C. Canva 可画　　　D. 图怪兽

3. 主要体现与年轻人有关的生活用品等方面，如古怪家具、迷你裙、流行音乐会等，可以选择（　　）的海报。

    A. 复古风格　　　B. 波普风格　　　C. 科技风格　　　D. 国潮风格

4. 设计喜欢用凌乱和自由的组合方式，各式各样的几何图案以正方形、圆形或三角形为主，是（　　）的海报风格。

    A. 极简风格　　　B. 剪纸风格　　　C. 孟菲斯风格　　　D. 波普风格

二、多选题

1. 海报设计过程中，以下（　　）要控制在 3 种以内，不能太杂乱。

    A. 色彩　　　　　B. 字体　　　　　C. 字号　　　　　D. 字间距

2. 新媒体图片的表现形式有（　　）。

    A. 封面图　　　　B. 文章插图　　　C. GIF 动图　　　D. 信息长图

3. 寻找 GIF 动图素材，可以选择（　　）这些网站。

    A. Unsplash　　　B. Giphy　　　　C. SOOGIF　　　D. Gratisography

三、判断题

1. 海报作为轻量化新媒体产品的代表，触达用户的路径更短、曝光率更高，具有天然的社交属性，能够打破平台之间的社交壁垒。　　　　　　　　　　（　　）

2. 稿定设计、创客贴等工具功能都非常强大，拥有大量模板素材，可以做海报、图片等平面设计，还可以做视频。　　　　　　　　　　　　　　　　　（　　）

3. 国潮风海报设计最大的特点就是利用中国一些特定的有意义的元素，将其应用在画面设计中，传达出一种中国风的视觉，并表达了中国精神的含义。　　（　　）

4. VisualHunt 的亮点是可以通过颜色查找图片，如果要找特定颜色的图片，则只需单击相应的色条，选择后，就会出来同样色系的图片素材，上方还能选择授权类型。

                                   （　　）

5. 科技风格海报多采用蓝色和紫色或黑金配色，最大的特点就是科技感、质感。 （　　）

6. 做一张海报时，字体的种类太多，会显得杂乱；种类太少或只有一种，又会让人觉得单调，无论是字体、颜色、字号还是字距都应控制在三种之内。 （　　）

参 考 答 案

一、1. D　　2. C　　3. B　　4. C

二、1. ABCD　2. ABCD　3. BC

三、1. √　　2. √　　3. ×　　4. √　　5. √　　6. √

在线自测题

模 块 七

制作动图和视频

1. 知识目标
   认识动图和视频在软文中的重要性。
2. 技能目标
   （1）学会用任一工具制作 GIF 动图。
   （2）掌握在手机端制作短视频的技巧。
3. 素养目标
   尝试使用 Premiere 软件制作短视频。

思维导图

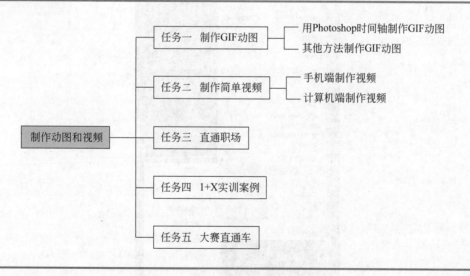

任务一 制作 GIF 动图

相比文字或静态图片,GIF 动图更能传递丰富的情感,并且更加个性化。GIF 动图早已流行于新媒体和社交圈,微信公众号推文中 30% 的图片都是 GIF 动图,社交圈里使用的 GIF 动图更是种类繁多。GIF 动图以搞笑为主,包括动漫、风景、人物等不同种类。

教学视频

一、用 Photoshop 时间轴制作 GIF 动图

(1)一般 GIF 动图时长 2~3 秒,需要使用连拍模式拍摄一组图片,约 10 张。

(2)打开 Photoshop(简称 PS)软件,单击"文件"→"脚本"→"将文件载入堆栈"选项,如图 7-1 所示。

图 7-1 新建背景

(3)在弹出的对话框的"使用"下拉列表中选择"文件"选项,单击"浏览"按钮,在弹出的对话框中选择拍摄的照片,单击"确定"按钮,如图 7-2 所示。

(4)单击"窗口"菜单中的"时间轴"命令,如图 7-3 所示。

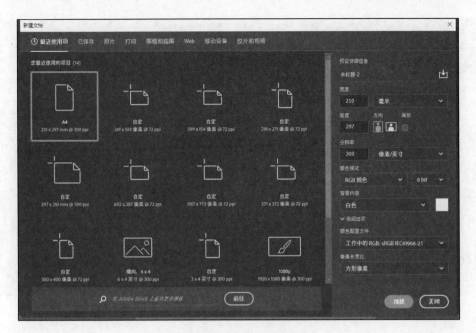

图 7-2　设定背景图片

图 7-3　单击时间轴

（5）在下方出现的面板中单击"创建帧动画"按钮，如图 7-4 所示。

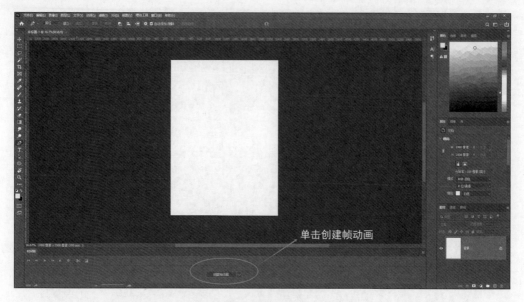

图 7-4　创建帧动画

（6）单击"时间轴"面板右上角的按钮，选择"从图层建立帧"，将图片创建为帧动画，如图 7-5 所示。

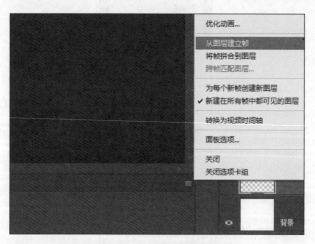

图 7-5　从图层建立帧

（7）在"时间轴"面板中，可以调整各帧的顺序和每一帧的延迟时间，一般将循环次数设置为"永远"，如图 7-6 所示。

图 7-6　设置各帧顺序、延迟时间和循环次数

（8）保存，在文件选项中选择存储为 Web 所有格式的选项。

界面左下方显示 GIF 的大小参数，右下角可以根据需求调整 GIF 大小，按照要求调整大小后，图像制作完成，如图 7-7 所示。

图 7-7 调整 GIF 大小

二、其他方法制作 GIF 动图

（一）用 ScreenToGif 制作

百度搜索 ScreenToGif 进入官网主页，如图 7-8 所示。

图 7-8 ScreenToGif 主页

选择版本进行下载，如图 7-9 所示。

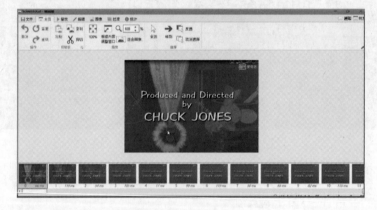

图 7-9　进行版本下载

下载完成后，单击 ScreenToGif 图标进入剪辑主界面，如图 7-10 所示。

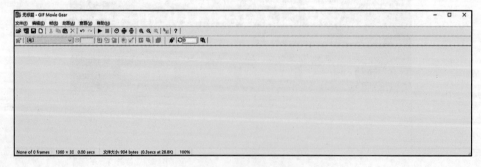

图 7-10　剪辑主界面

上传图片素材后即可生成动态 GIF。

（二）用 GIF Movie Gear 制作

进入软件界面，如图 7-11 所示。

图 7-11　软件界面

在剪辑主页面里，将图片拖曳至软件界面，单击开始按钮即可自动生成 GIF，如图 7-12 所示。

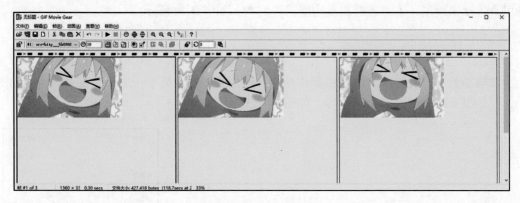

图 7-12　自动生成 GIF

（三）用 GIF5 制作

GIF5 网站功能比较单一，能制作简单的 GIF，也可以下载 GIF，其 GIF 的风格主要偏向于有趣、引人发笑的类型，如图 7-13 所示。

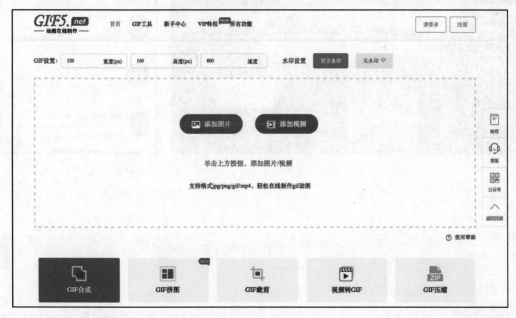

图 7-13　用 GIF5 制作 GIF

（四）用 SOOGIF 制作

SOOGIF 是一个专门做动图的网站，可以对现有动图进行"压缩""裁剪""编辑"；也可以自己制作动图，相关功能包括"视频转 GIF""多图合

演示动画

成 GIF"等。

除了自己制作动图，网站里还有当前热门电视剧或其他综艺节目的相关动图，这些动图可直接拿来使用，不过还有很多功能需要付费，如图 7-14 所示。

（五）用微信小程序制作

微信小程序也有许多 GIF 在线制作功能，制作类型比较简单，通常为常见的搞笑动图等，制作出来的 GIF 大多带有水印，如图 7-15 所示。

图 7-14　SOOGIF 网站　　　　　　　　　图 7-15　微信小程序制作 GIF

任务二　制作简单视频

短视频的日益火爆催生了市场格局的变化，手机端和计算机端制作视频的软件越来越多，典型代表是手机端的剪映和计算机端的 Premiere（简称 PR 或 Pr）。

一、手机端制作视频

剪映是由抖音官方推出的一款视频编辑工具，支持在手机移动端、

教学视频

Pad 端、Mac 计算机、Windows 计算机全终端使用。

　　剪映移动端可用于短视频的剪辑、制作与发布，拥有多样的视频模板和滤镜效果，拥有丰富的曲库资源，并且可以选择去水印。操作界面简洁，功能简单易学，深受短视频创作者的喜爱。

演示动画

　　以下为剪映的操作技巧和常用功能。

（1）进入剪映，点击开始创作，如图 7-16 所示。

（2）选择相册中的素材进行导入，如图 7-17 所示。

图 7-16　点击开始创作

图 7-17　导入素材

（3）素材成功导入后，即可进入剪辑主页面，如图 7-18 所示。

剪辑功能里的二级类目包括以下几种基础功能。

- 分割：切割 / 剪辑视频素材。
- 变速：设置视频的播放速度。
- 音量：改变视频声音的大小。
- 动画：设置入场动画、出场动画和组合动画。
- 删除：删除选中的素材片段。

（4）完成剪辑后，可添加特效，如图 7-19 所示。

（5）除添加特效外，还可添加音乐，如图 7-20 所示。

完成以上工作后导出，即可完成简单的视频剪辑。

图 7-18　进入剪辑主页面

图 7-19　添加特效

图 7-20　添加音乐

二、计算机端制作视频

使用计算机端软件能够实现更专业的视频剪辑，目前普及度较高的视频编辑软件是 Adobe 公司出品的 Premiere，之所以备受专业人士青睐，是因为其可以制作出复杂的视频效果。

以下是 Premiere 的基本操作方法。

（1）打开软件后，选择"新建项目"选项，如图 7-21 所示。

打开软件的主界面，软件默认分为四个面板区域，各区域如图 7-22 所示。

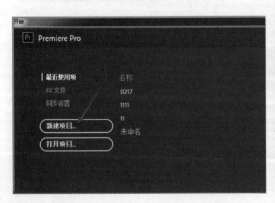
图 7-21　选择"新建项目"选项

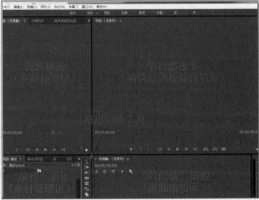
图 7-22　四个区域

（2）双击"项目"面板，可以打开"导入"窗口，找到要编辑的素材（视频或图片等），单击右下方的"打开"按钮，把文件导入"素材"区中，如图 7-23 所示。

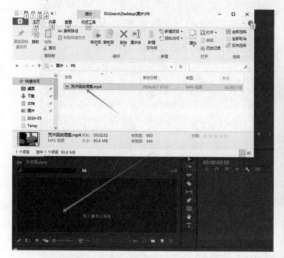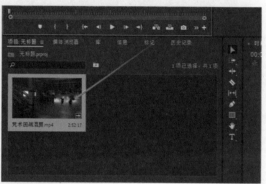

图 7-23　将素材导入素材区

单击素材名称后，把它拖到右边的"时间轴"面板中，然后使用常用的剪辑工具对其进行编辑，如图 7-24 所示。

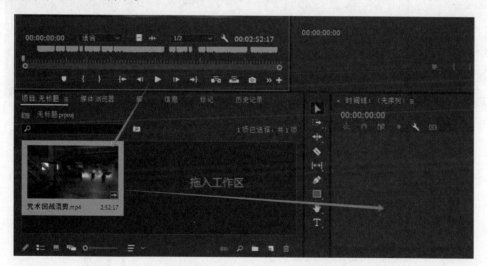

图 7-24　进入剪辑工作区

在"时间轴"面板中，当光标移动到如图 7-25 所示的位置，变化为小手形状时，可以按住鼠标左键，左右拉动来缩放视频的时间轴显示比例。

选择"剃刀工具"，将光标放置在素材的第 15 秒上，单击即可剪辑，在第 18 秒重复此操作。注意视频和音频二者是分开的，需要分别剪辑，如图 7-26 所示。

（3）单击菜单栏中的"字幕"选项，在"新建字幕"中选择一种字幕，此处选择"默认静态字幕"选项，如图 7-27 所示。

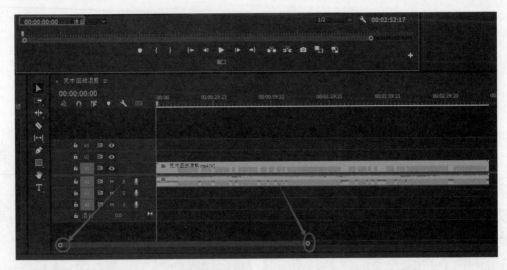

图 7-25　缩放时间轴

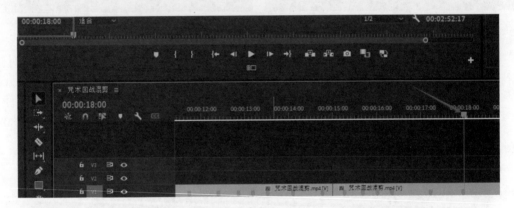

图 7-26　剪辑视频

图 7-27　选择字幕

输入字幕名称后单击"确定"按钮，如图 7-28 所示。

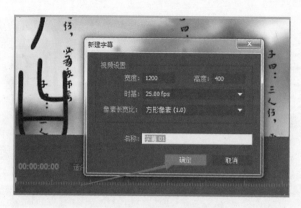

图 7-28 设置字幕

打开字幕窗口后，选择一种字体，就可以输入字幕文字了，如图 7-29 所示。

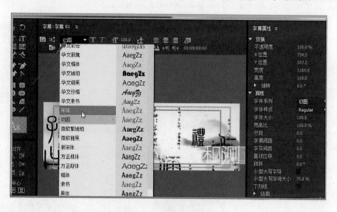

图 7-29 输入字幕文字

移动字幕的位置并选择一种字体颜色，完成后关闭字幕窗口，随后，在素材区上把"字幕 01"拖到剪辑工作区的视频轴上，如图 7-30 所示。

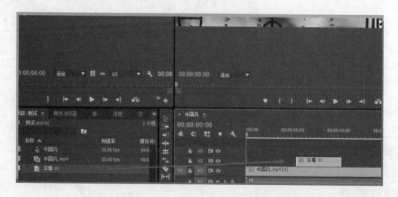

图 7-30 对字幕进行剪辑工作

播放视频，可以预览字幕出现的位置和时长，如图 7-31 所示。

（4）完成所有的剪辑工作后，选择菜单上的"文件"选项，选择"导出"下的"媒体"选项，如图 7-32 所示。

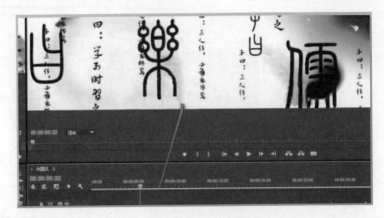

图 7-31　预览字幕

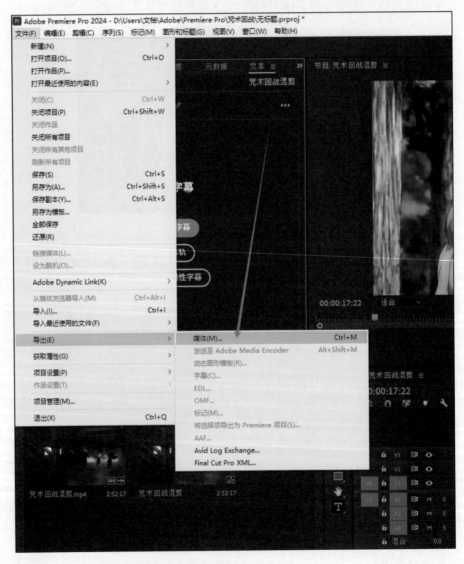

图 7-32　导出文件

打开"导出设置"窗口，在输出名称处可以修改名称和保存路径，在格式处可以选择"H.264"的 MP4 格式，其他选项按默认条件设置。设置完成后单击"导出"按钮，软件开始处理视频，等待软件完成处理后，视频的编辑工作也完成了，如图 7-33 所示。

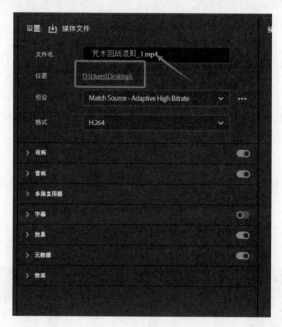

图 7-33 视频导出成功

任务三 直通职场

本模块主要介绍了新媒体从业者基本技能的操作知识，随着移动互联网的高速发展和 5G 网络的逐步推广，带宽成本越来越低，GIF 动图和短视频的传播度急速增长，其重要性也日益凸显，新媒体从业者需要与时俱进，快速掌握动图和视频的制作方法，为满足这项需求，目前可用的网站、软件越来越多，使用起来也越来越便捷，对于善于学习的新媒体人操作难度并不大。

任务四 1+X 实训案例

（一）任务目标

用图片素材制作 GIF 动图。

（二）任务背景

1+X 自媒体运营职业技能等级证书、1+X 新媒体运营职业技能等级证书明确要求掌握新媒体动图、视频等的基本操作方法。

（三）任务分析

将图片素材做成 2~3 秒的 GIF 动图非常方便，原先要使用专业软件 Photoshop 的时间轴，现在越来越多的在线工具甚至手机端小程序也可供使用，本模块任务一已详细讲述。

（四）举一反三

把图片做成动图很简单，那么可以把视频"剪裁"成 GIF 动图吗？这个同样要用到一些工具，以比较常用的 SOOGIF 动图制作工具为例。

（1）准备好视频素材，打开 SOOGIF 动图制作工具，选用"视频转 GIF"功能，如图 7-34 所示。

图 7-34　选择"视频转 GIF"功能

（2）上传视频，拖动进度条调整视频以截取想要的长度，还可以自定义设置时间长短，这个时长就是 GIF 动图的播放时长。

（3）选择画质清晰度，选择适合的尺寸大小，单击"生成 GIF"按钮。

（4）单击"立即下载"按钮即可完成下载。

任务五　大赛直通车

2022 年 3 月，由浙江省委网信办、省教育厅、浙江广电集团、省广播电影电视学会共同举办的"我的初心·我的梦"第二届浙江省大学生短视频大赛正式开赛。

（1）大赛聚焦"我的初心·我的梦"主题主线，围绕中国梦、共同富裕示范区建设、杭州亚运会、宋韵文化等内容进行创作。

（2）大赛采用开放式主题设置，参赛者可用镜头聚焦"初心与梦"的主题，要求思维开阔、创意灵活，从微观切入、表达细腻，从不同侧面讲述浙江故事，彰显红船味、浙江味、新时代味。

参赛要求如下。

（1）作品内容契合参赛主题，构思新颖、积极向上。

（2）作品可为纪实微视频、剧情微电影、公益广告微视频、网络短视频、Vlog 等视频表现形式，包括但不限于教育、音乐、健康、三农、时尚娱乐、手作、美食等。

（3）作品须为参赛者（个人或成员不超过 6 人的团队）原创，个人或团队报送参赛作品数量不限。

（4）短视频不超过 2 分钟，视频格式为 MP4、MPEG、MOV，文件大小控制在300MB 以内。镜头运用流畅，有一定的拍摄和剪辑技巧，视频第一幅画面不能为黑屏，片中对话应标注中文字幕。

营 销 实 战

随着网络、Wi-Fi、流量等基础门槛的降低，短视频日渐火爆，微视、秒拍、玩拍、趣拍等应用应运而生，这些平台的大量出现正式开启了中国的短视频时代。

短视频平台的崛起，不仅让短视频这一内容形式变得大众化，同时也催生出了新的营销手段和形式，短视频凭借着成本低、传播快、成效高等多种优势成为营销的热门方式。国内的企业和品牌都在积极探索短视频的营销模式，并取得了意想不到的成果。

近几年关于健康和养生的话题呈现出了一种年轻化的趋势，围绕健康、养生来打造话题和内容是非常符合市场趋势的。

999 感冒灵作为一款感冒药产品，改变了以往广告中常见的套路，不刻意售卖产品，也不刻意煽情，而是采用短视频的方式进行宣传。"健康本该如此"这支短视频通过更加生活化的内容展现了现代年轻人熬夜脱发、油腻、肥胖、早衰的状态或现象，并通过偶尔早睡早起的行为表现出很多年轻人对于自身身体精神健康的担忧和焦虑。

这支短片看似是日常生活中绝大多数年轻人的真实写照，却意在提醒年轻人要关注自身的身体健康，契合了大众的期待，也传递出了一份温暖和关爱。非常鲜明地体现出了999 感冒灵的人文情怀，也凸显出了品牌的核心价值理念，让大众对这种善意难以抗拒，更加容易心生认同和好感，从而达到提升品牌认知度的效果。

通过情感和价值观的融入，在消费者心中建立一个有温度的品牌形象，这是 999 感冒灵这支短片的目的所在，《健康本该如此》这一短视频获得的效果也非同凡响。

1+X 证书理论练习题

一、单选题

1. GIF 动图以（　　）主题为主。

    A. 风景　　　　　　　B. 人物　　　　　　　C. 动漫　　　　　　　D. 搞笑

2. 以下选项不属于短视频社交渠道的是（　　）。

    A. 抖音　　　　　　　B. Office　　　　　　　C. 微视　　　　　　　D. 快手

3. 视频编辑的最小单位是（　　）。

    A. 小时　　　　　　　B. 分钟　　　　　　　C. 秒　　　　　　　　D. 帧

4. 下列不属于视频剪辑软件的是（　　）。

    A. Premiere　　　　　B. 剪映　　　　　　　C. 爱剪辑　　　　　　D. Photoshop

5. 计算机端最常用的视频编辑软件是（　　）。

    A. Lightroom　　　　B. Photoshop　　　　　C. Premiere　　　　　D. After Effects

二、多选题

1. 以下属于优质短视频的元素包括（　　）。

    A. 价值趣味　　　　　B. 时长超过 30 秒　　　C. 清晰画质　　　　　D. 音乐节奏

2. 下列关于剪映软件的说法正确的是（　　）。

    A. 模板多　　　　　　B. 音效选择多　　　　　C. 调色能力强　　　　D. 可以去水印

三、判断题

1. 虽然手机端应用软件不比计算机端专业的视频编辑软件强，但胜在可以随时随地地剪辑，即时剪辑即时分享，所以没必要专门学习计算机端的软件。（　　）

2. 剪映 App 是由抖音官方推出的一款手机视频编辑工具，可用于手机短视频的剪辑、制作与发布。（　　）

3. 掌握一款软件，首先要熟悉它的操作界面。（　　）

4. 在手机端剪辑应用软件兴起之前，视频剪辑都是在计算机端完成的。（　　）

5. 短视频就是 Vlog。（　　）

参 考 答 案

一、	1. D	2. B	3. D	4. D	5. C
二、	1. ACD	2. ABCD			
三、	1. ×	2. √	3. √	4. √	5. ×

在线自测题

模 块 八

搭建文案结构

学习目标

1. 知识目标
   （1）了解新媒体营销软文文案的常见类型。
   （2）理解四大文案类型的结构搭建。
2. 技能目标
   （1）学会搭建营销软文文案结构。
   （2）能够分辨营销软文文案类型。
3. 素养目标
   （1）能够分析产品文结构的两种形式。
   （2）理解实用文的头身尾结构搭建。

思维导图

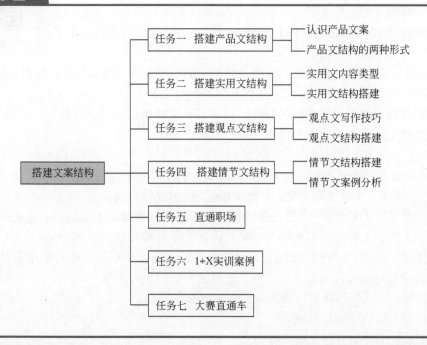

搭建文案结构

- 任务一　搭建产品文结构
  - 认识产品文案
  - 产品文结构的两种形式
- 任务二　搭建实用文结构
  - 实用文内容类型
  - 实用文结构搭建
- 任务三　搭建观点文结构
  - 观点文写作技巧
  - 观点文结构搭建
- 任务四　搭建情节文结构
  - 情节文结构搭建
  - 情节文案例分析
- 任务五　直通职场
- 任务六　1+X实训案例
- 任务七　大赛直通车

常见的文案类型包括以下几种。

（1）产品文：推广产品，有明确的付费转化目的。

（2）实用文：科普知识、实用性强。

（3）观点文：表达观点，有明确的立场，有对于观点的论述。

（4）情节文：讲述故事，谈对故事的看法，观点看法可以不尽相同。

新媒体文案或营销软文内容好坏的背后是文章框架或文案骨架，这是写好一篇文案的基础。很多人写文章易犯的错误是缺乏逻辑，想到什么写什么，如果设好文章框架，则写起来就不会偏题，新媒体文案的万能写作框架是"亮观点，说现象，做分析，下结论"。

可以用这个框架做几次练习，设定框架的背后，要不断制造冲突，才能推动情节发展，引起人的阅读欲望，让人欲罢不能。有价值观的冲突才有内心的矛盾和纠结，才能引发思考，易于传播。

成熟的作者在写作之前，会先搭建好文章结构再动笔写。文章的标题、开头、中心、结尾，先写什么，再写什么，最后写什么，定好结构后再写作才能做到下笔有神，行文流畅，同时清晰顺畅的结构有助于读者理解和接受文章内容。其实一篇好的文案，是设计出来的。

任务一 搭建产品文结构

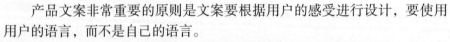

一、认识产品文案

产品文案是为了让公司所经营的产品更有认知度，销售力，更好地获得目标受众（潜在消费者，用户或客户）的认知，更有效地把产品价值传达给目标受众而写的宣传文案。

教学视频

产品文案非常重要的原则是文案要根据用户的感受进行设计，要使用用户的语言，而不是自己的语言。

产品文案的最终目的是让人们按照品牌的目的行动起来，例如打电话咨询、引发关注、下单付款等。

文案要强调当前用户能获得的好处，或者当下要解决的问题，这样用户才会获得即时反馈，行动力才会更强，而不是指向未来。

好的产品文案结构要遵循 AIDMA 法则。

A 指 attention，表示引起注意；I 指 interest，表示产生兴趣；D 指 desire，表示购买欲望；M 指 memory，表示加深记忆；A 指 action，表示促使行动。

在写产品文案的时候，一定要先理清楚两个问题，即"说什么，对谁说"。先把握好根源，再来写内容大纲，怎样的内容大纲能够吸引读者往下看呢？

（1）描绘：描述在怎样的场景下，用户才需要用到这个产品。通常描绘有两种方法，一种是呈现没有它的痛苦场景，另一种是呈现拥有它的美好场景。

（2）承诺：承诺能够帮对方解决迫切需要解决的问题。

（3）证明：证明如何兑现承诺。

（4）敦促：引导对方做出购买行为。

二、产品文结构的两种形式

（一）直述卖点法

直述卖点法是指在文章中把卖点的几个要素清晰地体现出来，这种方法比较清晰和简单，是企业经常会用到的形式，如图 8-1 所示。

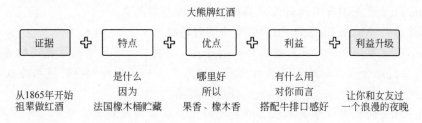

图 8-1 直述卖点法

1. 提炼核心卖点

产品的卖点是产品的核心价值，也是新媒体市场营销的突破口。抓住了产品的卖点，也就给用户提供了最佳的消费理由。要想在激烈的市场竞争中立于不败之地，就要善于发掘产品的卖点。

创作者可以从以下 6 个维度来提炼产品的卖点，如图 8-2 所示。

（1）横向纵向对比，找到独特的切入方式。

（2）直截了当地指出产品所能带来的利益点。

（3）找准情绪，与用户建立情感联系。

2. 文章的标题与开头

文章的标题和开头应该直指目标用户，解决用户的迫切需求，列出核心卖点，在第一时间引起读者的阅读兴趣。

图 8-2 产品展示维度

穿着可以跑的高跟鞋！不磨脚、不掉跟，美国 Wayne Flex 高跟鞋大砍价！

每个女人的脚后跟，都是一部血泪史。

只有穿过 Wayne Flex 的仙女们，才知道它到底有多舒服！

这篇公众号产品文的标题和开头是标准写法，标题直接描述产品名称、优点和利益，优点是不磨脚、不掉跟，利益是穿着可以跑。

在文章开头，首先抛出女性穿高跟鞋的痛点，为下文做铺垫，明确了身份标签，女性是目标用户。

3. 文章中心部分

标题和开头抓住核心卖点，中间部分对核心卖点进行详细讲解，展开描述，并进行利益升级。

/ 推荐理由 /

1. 比平底鞋还舒服！野生鹿皮内里，不磨脚、不掉跟，通勤上班，出门都能穿；

2. 美国 Wayne Flex 品牌，在银泰百货设有专柜，售价也在 1500 元上下，本次粉丝特惠促销，仅需 458 元；

3. 一年可以穿 3 季（南方全年都可穿），超划算！不会像雪地靴那种被常年闲置，使用率超高！

/ 舒适是终极目标 /

Wayne Flex 是美国有名的舒适鞋品牌，当地人非常热衷。

它的设计师 Wayne Finkelstein，被称为"舒适鞋之父"。

Wayne Flex 系列女鞋，没有使用传统的牛皮、羊皮，而是用柔软度更高的鹿皮作内里，3D 立体曲面，贴合女性的脚形，再加上精细的做工，从里到外都以舒适为终极目标。

/ 性价比超高 /

Wayne Flex 的北美价格基本在 200 美元以上，从官网就能看出来。

/ 什么场合都能美美哒 /

职场上，高跟鞋和一步裙是最高级的搭配。穿上 Wayne Flex 舒适高跟鞋游刃职场，沉稳和精致，轻松掌控全局~

直言最大卖点：舒适——用户利益。

鹿皮内里、固态底部置换技术——产品特点。

性价比高——产品优点。

银泰百货有专柜——证据。

日常逛街、约会都能穿；舒适和美貌完美结合——利益升级。

4. 文章结尾部分

给出购买链接，实现转化购买。

结尾部分会提高用户的紧张感，会说库存有限，有可能出现缺色断码的情况，所以大家要赶快下单，这是敦促用户赶紧去下单，促成交易的信息。

并且它会再次介绍这个是什么，这个鞋子一年可以穿三季，不怕冷的小仙女们，一个用户标签，再配上一个购买链接，这是一个非常明显的购买号召，整个文章的结尾，都在促成转化购买。

以上是整篇产品文的结构，对于这篇文章，已经包含了关于卖点的要素。开始先表明用户的迫切需求，以及目标用户是谁，然后表明可以给用户提供的利益是什么，在文章中间一直强调产品的特点、优点，包括后面会有的利益升级。整篇文章都是在围绕产品卖点去写各种各样的信息，并且有各种各样的证据，直述卖点的产品文都可以参照这个结构进行写作。

直述卖点法容易掌握，是公司经常会用到的产品文类型，一款产品，可能有多个卖点，各卖点之间是并列关系。文中务必写清楚卖点，产品的特点、优点、利益，要有对卖点利益升级，帮助用户想象使用时的场景。

（二）利益滑梯法

利益滑梯法的上面是至高利益点，是关于产品的价值观，如梦想、自由、成功、信念等，这是一个人的至高利益，是信念和梦想层面的利益。

然后把梦想的部分向下拓展，不断用证据去证明至高利益点是值得得到并且很难得到的，用证据证明至高利益点可以通过使用产品得到，这个是中间的过程。

中间是把至高利益点和产品不断结合起来的过程，这个过程是一个从上到下、类似于滑梯的过程，所以把它称为利益滑梯。

结尾要有一个转化点，需要引导用户去购买产品，所以这就是整个利益滑梯法的框架，下面将用具体案例解释利益滑梯法。

这是北京周边的一个民宿产品的品牌故事，是一篇非常典型的利益滑梯法的文章，文章讲述了民宿女主人和自己丈夫开办民宿的整体过程，这个整体过程就是利用了利益滑梯法的过程，下面是这篇文章的结构。

（1）介绍自己和丈夫是什么样的人（证据）。

（2）表明自己向往田园生活，期待另一种生活方式（至高利益点、价值观）。

（3）不受年龄限制都是向往自由的人，没有世俗的约束（证据）。

文章开头是一个至高利益点，讲述作者是一个什么样的人，有一个什么样的信念，所以有一个什么样的追求，如果读者也是这样的人，则可以去关注作者的更多文章。

文章中间部分则把至高利益点和产品做了一个结合，作者把自己如何做民宿的故事作为主线，在文章中，不断用证据去证明至高利益点是值得得到的，也是很难得到的，但可以通过购买自己的产品得到，最终引导转化。

虽然它是一篇产品文，但是中间用自己和丈夫的故事贯穿下来，也用到了一些写故事的要素。

用利益滑梯法写产品文时需要注意以下几点。

（1）一定要写清楚卖点：证据＋特点＋优点＋利益＋利益升级。

（2）证据：产品生产理念／流程、产品生产者的资历／口碑／成功案例。

（3）可以有多个并列的证据，证据和特点之间是因果关系。

（4）利益：帮助用户想象使用产品时的场景。

没有绝对"纯粹"的文案结构，好文案通常杂糅多种结构搭建方法，如果做不要这点，就简简单单，稳扎稳打地使用好一种结构。

利益滑梯法的方式更偏向于渲染情绪，关于价值观的内容会多一些，这种写法相较于卖点直述法更加偏向于意识形态的输出。

任务二　搭建实用文结构

实用文顾名思义要以输出内容为主，解决提问者的疑问，而不是输出情绪或引发共鸣，需要作者通过分析、阐述或者论证得出更加合理的建议、观点或操作方法。

其内核就是"言之有物"，注意实用文不能等同于解决方案。

教学视频

一、实用文内容类型

（1）按篇幅长度划分——短篇实用文：800字以内。中篇实用文：800~1500字。长篇实用文：1500字以上。

（2）按媒介形式划分——可以分为文章、音频、视频、信息图、电子书等。

（3）按互动形式划分——可以分为两大类：单向型、双向型。

（4）按内容类型划分——根据不同阶段划分为不同内容。

① 内容感知阶段：主要生产白皮书型内容，侧重于行业分析。

② 信息搜索阶段：主要生产垂直教程型内容，侧重于知识分享，如用户案例、观点型文章。

③ 产品评估阶段：主要生产演示型内容，侧重于演示产品，如使用手册、指南。

④ 产品购买阶段：侧重于推出组合套餐、优惠通知等促进用户购买的消息。

⑤ 购买后评价阶段：侧重于推出使用说明、知识库等帮助用户使用产品的消息。

综上所述，为了分类方便，按照主要内容，实用文可以分为认知改变型和技能应用型，是业内比较认可的简洁分类方式。

认知改变型实用文的主要作用是给读者提供新认知，如成长思维类，给读者提供一个新的思考方式；心理学类，解答读者的情感问题；知识科普类，告诉读者某个专业领域的知识。

通常，文章开头由熟悉的现象 + 不熟悉的概念 / 原理引出；结构是层层递进，逐步深入核心进行剖析；内容方面证据丰富，生动有趣，可以通过稀缺案例增加内容的趣味性。

技能应用型实用文，开头由熟悉的现象 + 错误的技巧引出，强调价值；结构是平行式阐述，为减少思考；内容方面则搭建立竿见影的方法论。

认知改变型实用文强调的是颠覆认知，技能应用型实用文则不需要让读者有过多的思考，强调的是立竿见影的改变，也就是这篇文章能为读者提供的价值。

二、实用文结构搭建

一篇完整的文章要有头、身、尾三部分，并且缺一不可——"头"主要介绍文章的目的和背景，吸引读者的目光；"身"需要扩展正文，对文章进行分段阐述；"尾"是结论或行动呼唤，以此来总结全文。

（一）实用文的"头"

实用文的开头要遵循 HRPS 模型。

1. 构建悬念

Hook（构建悬念）：制造悬念吸引读者阅读。绝大部分颇受欢迎的实用文一开始都会树立权威，或者建立自己的独特性。可利用自己的行业背景、阅历、经历，也可利用认知冲突，或惊人的结论制造悬念。

2. 引发共鸣

Resonance（引发共鸣）：利用用户迫切关注的问题，引发读者共鸣。陈述当前人们普遍关注的问题是最简单直接地引发共鸣的方法，人都倾向于关注跟自己类似的人，找到了强烈的同理心，就会有继续阅读文章的欲望。

3. 构建信任

Proof（构建信任）：证明文章的可靠性，获得读者信任。可以通过讲述与读者相同的境遇是如何解决的，展现已经取得的成功来树立权威，使读者信服。

4. 总结过渡

Summary（总结过渡）：总结下文，展现文章逻辑。文章开头要自然过渡到下文，展现实用文文章逻辑。无论是回答问题，还是陈述论点，都可以直接把要表达的观点总结为相对应的第一、第二、第三，在文章开头直接呈现给读者，让读者明确文章重点。

信息高度传播的时代，人们的注意力越来越有限，如果能有逻辑性，有针对性，有重点地表达观点、是撰写实用文的重要能力。

（二）实用文的"身"

正文的篇幅最多，该部分要展示这篇实用文想要告诉读者为实现某一目标应该做什么、为什么这样做，以及如何才能做到，通过举例的方式更加生动有效地表达文章的中心思想。

实用文的正文要遵循 WWHE 模型，即扩展正文时，要把以下 4 个要素写进来，这样正文内容才能更加丰满生动，富有说服力。

What：想要做什么。

Why：为什么这么做。

How：应该怎么做。

Example：举例论证。

正文的写作过程中，最重要的是对过渡的把握，承上启下的正文之间会分为多个要点来展开叙事，同时需要注意的是，实用文中每个观点之间的过渡都要自然，不能在阅读时产生跳脱之感。

值得注意的是，其一，因为正文部分一般比较长，可以多插入图片，缓解读者的疲劳感，以便更顺畅地读下去；其二，除了标题要加粗以外，在实用文中二级标题、三级标题和重点句子也要加粗，方便读者迅速抓住文章关键点。

（三）实用文的"尾"

实用文的结尾，通常采用总结 + 引导行动的写法。

1 总结

可以提出注意事项，也就是介绍了各个资源以后，建立自己的资源库，有读者需要可以联系使用，让大家互相帮助、共同学习、一起成长；可以再次重申逻辑，点明这篇实用文重点讲了哪几点；也可以强调读者的利益，指明读者在这篇实用文中能获得什么。

以上这三点不需要全部写进文章结尾，而应根据文章需求强调其中的某一点或亮点。

2. 引导行动

其实不仅是实用文，很多新媒体文章的结尾都必不可少地会引导行动，如引导读者讨论，抛出一个问题或有争议的观点，让大家在评论区发表自己的看法。

还有的文章结尾处会提供用户可以直接点击的链接，甚至可能是商品的购买链接。

文章结尾处也难免会有寻求鼓励的语句，只有文章有足够的吸引力，读者才会真正地喜爱这篇文章。

写实用文的最终目的就是给读者提供一个可实行的方案，同时，读者的鼓励也会让作者花更多的时间精力输出更好的文章。

任务三　搭建观点文结构

观点文是一种常见的自媒体文章类型，可以紧跟热点，以传递个人观点为核心，观点文在写作中的应用极其广泛。好的观点文，要能刷新读者的认知，引起读者的共鸣，类似于学生时代写的议论文。

教学视频

一、观点文写作技巧

1. 确立一个核心观点

观点就是从一定的立场或角度出发，对事物或问题所持的看法。观点文就是与他人对话，作者要明确表达自己的观点，不要含糊其辞，人云亦云，被别人所影响。

一篇文章的核心观点，应该是非常清晰明确的，让读者能迅速理解作者的意思。这个核心观点，可以通过标题体现出来，如《所有的高情商，背后都是一种善良》或《爱的另一个名字，叫作"聊得来"》。

2. 选题具有社会性

连接或针对社会中的某个群体，为了改变群体的某个行为，或者传递某种价值观，选题与读者有交集，这样才能有话题性。

3. 观点要对应具体问题

文章的切口是具体的小问题，需要作者的观点坚定立场，观点是从问题中来的，有的放矢，不能凭空而来。

二、观点文结构搭建

按照是什么—为什么—结尾的逻辑，观点文通常分为3部分。

（一）是什么：写一个吸引人的开头

观点文的开头不要用百度百科式的解释方式，语言不能太官方，要平易近人。常用的开头方法有四种：热点事件切入、名言警句引入、直接抛出观点、讲述案例开头。

具体选用哪种方式，和作者的领域、账号定位、本篇主题等有关，具体情况具体分析。

（二）为什么：文章主体论证观点

这部分是观点文的写作重点，需要围绕着核心观点展开，告诉读者为什么提出这个观点。

一般新媒体文章，字数不宜过多也不宜过少，2 000~3 000 字是比较合适的。假如开头和结尾共 500 字，主体部分应在 1 500~2 500 字。要让这一部分显得好读且有一定深度，最好分为三个分论点，每个论点 500~800 字。

首先要确定三个分论点分别是什么，用小标题的形式写出来。注意三个论点之间不能交叉重复，要从不同角度切入分析核心观点。

分论点排序可以参照以下 3 种方式。

（1）时间顺序。按照事情发生的先后顺序排序。

（2）层次顺序。先讲重要的或者切中读者关心点的分论点，在文章开始就抓住读者的注意力；或由浅入深层层递进。

（3）并列。三个论点重要性程度不分高下，也没有明显的时间先后顺序。当没有必要对论点进行排序的时候，应用并列式。

在论述分论点时，搜集案例、证明论点是很重要的一步，之前的收集文章素材，建立的素材库在这时就发挥作用了。引用的案例可以是自己或者别人的故事，也可以是一组数据，需要注意案例的内核要和本部分分论点保持一致。

另外，举出故事或数据后，要有机地结合论述性文字，如果只有故事，就变得浅显粗糙，没有深度，且读者无法确切领会创作者要表达的意思。

文章的逻辑性以及段落、句子之间的过渡要自然，不能太生硬，这些都体现了写作者的功底。

（三）结尾：总结升华核心观点

写到最后不要草草结束全文，需要一个 200 字左右的结尾。

结尾可以有以下 4 种写法。

（1）回顾文章主题。将三个分论点和核心观点再强调一遍，给读者划重点。这种方法比较常用，也相对简单一些。

（2）升华主题。能升华固然好，但如果不能写出有力的金句，或者寓意深刻的哲理性句子，则会画蛇添足。如果对文章内容深有体会，且文笔优美，也可以通过主题升华为文章增色。

（3）简要写"怎么做"。由于字数限制，肯定无法展开详细讲解方法，只能大而化之地从方向上来讲。因此，这种结尾通常都带有号召或者鼓舞性质。

（4）结尾留白。在文章结尾处给读者留下想象和讨论的空间，读者有讨论的话题，文章也会更有热度。

任务四 搭建情节文结构

情节文是新媒体文案中很常见的类型，也称故事文，通过人物、目的、情节讲述完整的故事，通过故事价值，引导感情、行动召唤，传递故事的力量。

情节文会与读者创造一种情感连接，通过共情，让观众可以被故事所吸引。其情节跌宕起伏，能牵动读者情绪，给读者留下深刻印象。

教学视频

情节文的三要素是人物、目的、情节，读者被人物所吸引进入故事，其中的独特性吸引读者的注意，复杂性为人物增加可信度，情节为故事提供结构和冲突，并带领着观众从一个事件，在一次一次的跌宕起伏中，走向故事的高潮，并在结尾传递了故事的价值，引导读者的感情和情绪。

一、情节文结构搭建

情节文的结构可以用4个字概括，分别是起、承、转、合。

起：故事的开头，一般交代背景、人物等，注意不要一味拐弯抹角、留悬念。

承：故事的延续，要与开头紧密衔接、过渡自然。

转：故事的高潮，指转折 / 阻碍 / 意外等，能将所有的情绪推向最高点。

合：故事的结局，注意留白，可适度升华。

撰写情节文时，要注意以下两点。

1. 情绪有起伏

例如上了大学后，我终于自由了，每天作息混乱，无所事事，沉迷网络游戏，不被管束，后来我才知道，这自由背后的代价不是年轻的我可以承受的。

2. 内容有详略

与故事主线相关的内容进行详写，与主线内容关系不大或无关的部分可略写或不写。例如，在寓言《狼来了》的故事里，没有关于羊吃什么草的内容。

在真实的文案撰写场景中，纯粹的情节文并不多，都是作为补充素材。例如在一篇产品文或是一篇实用文中间，可以穿插一些历史人物的小故事或一些名人的小故事，这些故事情节可以作为一个素材，或是作为一个证据穿插到整篇文章里。

创作者写文章时，不需要死板地套用某一个框架，如情节文的起承转合可以作为一个素材穿插到产品文或实用文或观点文的框架里面。

即便有这四类文章的结构搭建，仍然没有绝对"纯粹"的文案结构，好的文案通常杂糅多种结构搭建方法。

二、情节文案例分析

情节文并不一定是一篇很长的文章，好莱坞电影也是用这种方式进行故事描述的，如常年位居豆瓣电影榜首的电影《肖申克的救赎》。

起：主角安迪涉嫌谋杀，进了监狱。

承：监狱里的日子很困难，但他没有消沉，反而越来越受欢迎，他和狱友成了患难之交，还担当监狱图书管理员，并被招致典狱长麾下帮助他洗黑钱。

转：有一天，安迪不见了。

合：原来他一直在筹备越狱。

电影里有句台词：有种鸟是关不住的，因为它每片羽毛上都沾满了自由的光辉。这就是整部电影的价值观，电影通过向往自由的情节表达了这个观点，这是非常经典的叙述故事，叙述情节的方式。

任务五 直通职场

基本的文章写作技能是新媒体从业者的必备技能之一，本模块将四大类新媒体文章类型的文案结构进行了搭建和分析，可满足新媒体运营、新媒体编辑、新媒体文案等岗位的初步需求。

任务六 1+X 实训案例

（一）任务目标

分析观点型爆款文章的要素。

（二）任务背景

1+X 自媒体运营职业技能等级证书、1+X 新媒体运营职业技能等级证书明确要求掌握新媒体产品文、实用文、观点文、情节文的文案结构和基本写法。

（三）任务分析

写一篇观点文，开头要陈述热点事件并确立核心观点；正文需要论证观点，提出分论点并搜集案例进行论证，注意故事、数据和论述性文字一定要有机结合，如果只有故事，就会显得脱离实际；如果只有数据或是论述性文字，就会显得文章没有说服力。

在结尾处，为了让读者阅读完文章后能明白文章主题并有意犹未尽之感，可以在结尾处回顾主题或升华主题。

例如，在文章《当了多年猎头，我发现了学历和好工作之间的真实关系》中，结尾是这样写的：别相信是金子总会发光的，其实往往是你先把自己磨得发出了光，大家才会发现你是颗金子。这句话就以比喻的方式，起到了很好的回顾作用。

例如，在文章《拼多多创始人身价千亿背后，留下这3点人生启发》中，结尾是这样写的：正如《异类》一书中，格拉德威尔认为，伟大的成就不在于天赋，而在于正确的时间、正确的地点，积累了足够量的练习。引用了金句，使文章主题得到升华。

总而言之，如果要产出一篇清晰的观点文，在媒体平台获取流量，需要在开头部分先陈述热点，利用热点找到切入点，然后确立观点；在正文部分，需要排序提炼好的论点，然后再搜集案例支撑论点；最后在结尾部分回顾主题，升华主题。

（四）举一反三

新媒体文案无论是观点文、实用文、产品文还是故事文，都包括三大部分：开头、正文、结尾。

文章要有可读性，有价值感，标题要吸引眼球，重点打磨好开头和结尾的部分，正文多加入一些精彩的内容。这样写出的文章，对读者而言就像一块入口即化的蛋糕，让人回味无穷。

任务七　大赛直通车

"2020年四川省大学生新媒体创意大赛"由四川省教育厅主办，包括短视频类、H5类、新媒体创意写作三类，作品均设一、二、三等奖，全省普通高等院校全日制在校生均可参与。全省普通高等院校中，以学校或校内二级单位及相关群团组织名义依法依规登记注册备案的各类新媒体平台运营团队也可参赛。

四川省大学生新媒体创意大赛主题：四川故事。

参赛作品题材包括但不限于以下方向。

（1）跟四川有关的当代故事、人物故事、历史与文化故事、城市故事、乡村故事、品牌故事。

（2）表现四川美食文化、地域特色文化、生态文化等方向的作品。

（3）记录城市和乡村的变迁，展现地方之美的作品。

（4）四川的各类特色品牌故事。

（5）其他讲好"四川故事"的创意主题。

营 销 实 战

本模块提及的产品文、实用文、观点文、情节文，归根到底都是软文，并且借用这些软文达到营销目的。

虽然营销渠道变化，传播介质发展变化，但软文营销的本质依旧没有变化，依然是为满足大众的迫切需求。分析目标受众有什么普遍的需求，选择一个能迅速满足他们需求的软文主题。

如某香皂，它有很多卖点，例如香味好闻、清洁度高、包装漂亮等，但是它做推广软文时传递给顾客的核心卖点只有一个：除菌。

推广文案中，核心目标人群是孩子的妈妈，根据年轻妈妈对孩子的关爱呵护心理，担心孩子在玩耍过程中被细菌感染，用某香皂给孩子洗手能去除细菌，这个主题就满足了妈妈们普遍的"需求"，引起了她们的共鸣，为产品能畅销奠定了基础。

确定好产品卖点和软文主题以后，就需要找到相匹配的、吸引眼球的内容素材。搜集好内容来提升用户的阅读快感，用有力的论据来支撑观点。

在香皂的广告文案素材中，孩子们在快乐地玩耍（这个内容画面是所有妈妈都喜爱看的），显微镜里面看到孩子们手上身上到处都是细菌（制造焦虑，妈妈们看到这个画面，一定会急于寻找解决方案），用某品牌的香皂洗手洗澡能有效除菌（提供解决方案），将该品牌香皂的除菌效果和普通香皂的使用效果进行对比展示（选择该品牌香皂的理由），某医学会推荐（权威背书，给予妈妈们选择该品牌的依据），通过这些活泼生动、环环相扣的素材内容，最终使妈妈们放心大胆、高高兴兴地选择了这款香皂，产品畅销就不足为奇了。

确定完核心卖点、软文主题、素材内容三个要素以后，在细节上精雕细琢，就能写出给人留下深刻印象的推广软文，并且获得不错的转化效果。

1+X 证书理论练习题

一、单选题

1. 为了推广产品，有明确的付费转化目的的文案是（　　）。

A. 产品文　　　　　B. 实用文　　　　　C. 观点文　　　　　D. 情节文

2. （　　）主要是讲述故事、谈对故事的看法，也称故事文。

A. 产品文　　　　　B. 实用文　　　　　C. 观点文　　　　　D. 情节文

3. 写好一篇文案的基础是（　　）。

A. 文字功底　　　　B. 行文逻辑　　　　C. 文章框架　　　　D. 文章主题

4. 以输出内容为主，解决提问者的疑问，或给读者提供更具实操性的方法，或更具借鉴性的意义的文案类型是（　　）。

A. 产品文　　　　　B. 实用文　　　　　C. 观点文　　　　　D. 情节文

二、多选题

1. 软文营销中，常见的新媒体文案类型包括（　　）。

A. 产品文　　　　　B. 实用文　　　　　C. 观点文　　　　　D. 情节文

2. 提炼产品卖点时可以通过（　　）这些维度。

A. 品牌　　　　　　B. 性价比　　　　　C. 功能　　　　　　D. 售后服务

3. 观点文的写作技巧包括（　　）。

A. 确定一个核心观点　　　　　　　　B. 一定要分为三个分论点

C. 选题具有社会性　　　　　　　　　D. 观点对应具体问题

4. 观点文结尾的写法包括（　　　）。

    A. 给出链接实现转化　　　　　　　　B. 回顾文章主题

    C. 升华主题　　　　　　　　　　　　D. 简要写怎么做

5. 搭建情节文结构包括（　　　）。

    A. 起　　　　　　B. 承　　　　　　C. 转　　　　　　D. 合

三、判断题

1. 产品文的结尾部分会提高用户的紧张感，说库存有限，有可能出现缺货的情况，所以用户应赶快购买，这是在敦促用户进行消费，促成交易的信息。（　　）

2. 没有绝对"纯粹"的文案结构，好的文案通常杂糅多种结构搭建方法。（　　）

3. 观点文的开头可以使用百度百科式的解释方式，更显专业。（　　）

4. 利益滑梯法的写作方式更偏向于渲染情绪，这种写法相较于卖点直述法更加偏向于意识形态的输出。（　　）

5. 一般新媒体文，2 000~3 000 字比较合适，主体部分应在 1 500~2 500 字。（　　）

6. 故事文的起承转合中，承是故事的高潮，出现转折、阻碍、意外等，将所有的情绪推向最高点。（　　）

7. 无论文案是什么类型，结尾几乎都是总结或升华。（　　）

8. 写故事文时要注意情绪起伏和详略得当。（　　）

参考答案

一、	1. A	2. D	3. C	4. B			
二、	1. ABCD	2. ABCD	3. ACD	4. BCD	5. ABCD		
三、	1. √	2. √	3. ×	4. √	5. √	6. ×	7. √	8. √

在线自测题

模 块 九
营销软文撰写技巧

学习目标

1. 知识目标
   （1）掌握标题的写作方法。
   （2）学会文案开头的设计方法。
2. 技能目标
   （1）理解爆款标题的技巧。
   （2）掌握文案正文的写作技巧。
3. 素养目标
   （1）理解文案结尾的设计方法。
   （2）尝试写一篇完整文案。

思维导图

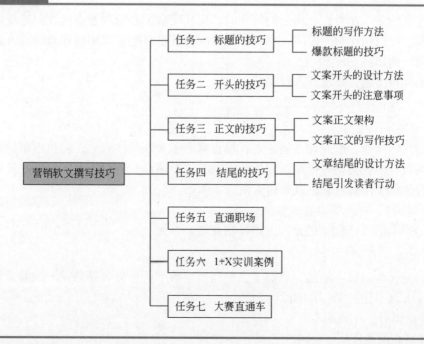

任务一　标题的技巧

新媒体文案在各种 App 里第一呈现形式都是折叠的，标题是受众对文案的第一印象，标题质量直接决定了文章的打开率，新媒体文案的标题是决定该文案能否成功的关键。标题的重要性可见一斑。

教学视频

需要注意的是，大家都意识到标题的重要性，随之而来的是令人生厌，只为博取眼球而夸大其词的标题。断章取义、夸大歪曲事实甚至制造假新闻，会严重伤害品牌，甚至会触及法律红线。新媒体文案标题要与内容相呼应，不能只为吸引人们眼球，标题要真实、有趣、有重点。

一、标题的写作方法

好的标题是所有阅读和转发的前提，机会稍纵即逝，只有不到 1 秒的时间，如果 1 秒内不能吸引用户点开文章，则这篇文章将没有上场的机会。

标题的写作方法多达几十种，要有用户思维，站在目标用户的角度思考，揣摩读者会对什么类型的标题感兴趣，在此重点介绍常用且非常好用的 6 种方法。

1. 提问法

提问式标题是用提问的方式来引起受众的注意，使他们去思考问题，加深他们对文案的印象，让受众想要读完全文一探究竟。

需要注意的是，在考虑要提出的问题时，应从受众关心的利益点出发，这样才能引起他们的兴趣。可以是反问、设问，也可以是疑问，甚至有时可以用明知故问的方式来表述文案的主题。例如：

为什么你写出的文章没有人看呢？

如何一个月在小红书快速涨粉？

2. 热词法

从事新媒体行业，追逐热点是常态，热点集中了大众的注意力，把热点事件写到标题里，文章的点开率就会相应提高，因为读者关心这个热点，他们想了解事件的发展，也想了解大家对热点事件的看法，以此作为谈资。例如：

打败"双 11"的，不是拼多多。

腾讯 Q3 财报：日进 14 亿元，人均月薪竟超 8 万元？

3. 数字法

人类大脑天生对数字敏感，相对于文字而言，数字信息更容易触发人的潜意识，引起好奇心，让人忍不住想要点开阅读。例如：

9 种方法提升工作效率。

5 种高情商沟通技巧。

4. 冲突对比法

用差别化的内容，利用两个相对立的事物或者观点来吸引读者的注意力，正反对比越强烈，读者点进去的欲望就越高。例如：

小学生毕业的保姆，月薪达 3 万元。

年薪上百万衣服不超 100 元。

5. 悬疑法

悬疑式标题经常展示新奇，设置悬念，借助某个点去引起人们的好奇和思考，让受众带着思考去阅读，在其中探索答案。例如：

她辞职以后做了自媒体，结果……

没想到世界上还有这么神奇的职业。

6. 利益法

人们通常只关心与自己相关的事物，因此可以在标题里指出利益点，告诉读者，这篇文能给他们带来什么。例如：

普通人如何才能掌握科学祛痘的方法？

企业做好口碑营销的四字真言。

二、爆款标题的技巧

爆款标题的技巧离不开选题，所谓"题好文一半"，文章成功的关键一半在于标题，一半在于选题。

首先要进行选题，因为相对而言，选题更重要，选题不对，标题起得再好也无力回天。

选题不仅直接决定用户是否会打开文章，还会左右文章的扩散上限，所以要先有选题，后有标题。

选题和标题的关键技巧总结如下。

（1）好奇心是人类摆脱不掉的本能。

（2）悬念、矛盾、冲突、爆料、反转、颠覆，是吸引人们注意力的利器。

（3）热点有可能转为爆点。

（4）多用人称代词，使故事更能打动人心。

（5）角度要新颖，观点态度要鲜明。

（6）不要沉迷深刻晦涩的内容，应更多使用直白、易懂的文字。

（7）适度使用名人效应。

（8）应有趣好玩，没有人会拒绝幽默。

对这些技巧可以给予更多重视。特别是"悬念""好奇心""热点"，它们是制胜关键。

标题本身的可模仿性非常强，有的甚至可以直接完美套用，效果好于苦思冥想出的标题。以下通过实际标题案例总结爆款标题的写作技巧，自己拟定标题的时候可以参考借鉴。

（1）直接引语 + 犀利观点。

（2）亮点前置 + 设置悬念。

（3）抛出好奇问题 + 设置悬念。

（4）颠覆刻板印象＋巧用对比制造悬念。

（5）身份标签对号入座＋直击痛点。

（6）挑战认知＋打破常规（正话反说）。

（7）高热度话题＋犀利观点。

（8）亮点前置＋陈述惊人事实。

从以上的技巧中可以总结出爆款标题的 4 个关键词：好奇、悬念、独特观点、颠覆。

所有的爆款标题中总会有一两个关键词，能够快速吸引读者目光，甚至有触电之感，读者会下意识点击文章，这些关键词就被称为引爆词。

其实写标题是有章可循的，不至于毫无头绪。

因为标题很重要，越是重要的东西越需要时间打磨，方法和技巧都只是工具，任何结果都需要测试和总结。

方法是方法，结果是结果，方法有效但不是文章成功的捷径；标题是标题，爆款文章是爆款文章，有关联但不画等号。

任务二　开头的技巧

新媒体文案的开头具有承上启下的作用，一方面，开头要与标题相呼应，否则会给读者"文不对题"的印象；另一方面，开头需要引导读者阅读后文，好的开头是成功的一半。

一、文案开头的设计方法

一个完美标题会提高文章的打开率，但开头如果不够吸引人，读者仍然不会看完全文。如何设计文案开头才能激发受众的好奇心，促使他们产生继续阅读的行为，使正文的价值也得以展现呢？

1. 故事型

开头讲故事是很多账号，尤其是情感类账号惯用的方法，故事带来的画面感、真实感以及震撼感，比单纯文字描绘或者讲道理更有渲染力，能迅速地把读者情绪带入其中。例如：

这个女人的尖叫，让派克惊醒过来，他迅速滚离床铺，就在滚离的瞬间，他听到身后一声消音器手枪的闷响，子弹击穿了枕头，那是他刚刚枕过的位置。[①]

留给读者想象空间也许是好故事与生俱来的魅力，故事的氛围总能给人很强的代入感。

2. 图片型

使用一张好的图片可以极大地增加读者目光的停留时间，并提升读者的阅读欲望，如图 9-1 所示。

---

① 摘自理查德·斯达克《外装》。

图 9-1　图片型开头

3. 悬念型

设置悬念指字里行间故意不说透，提起读者兴趣，让读者想要读下去。这是使用较多的一种开头方式，这种设置悬念的方法与利用故事创造的效果类似，都较重视故事的作用，通常把吸引受众放在第一位。例如：

这是一个套路与反套路的故事。一个凌驾于世间所有尴尬之上的故事。一个无论什么时候想起来都恨不得咬舌自尽的故事。总之是一个悲伤的故事。①

4. 场景型

开头创造一个具体场景，或自然环境，或某个具体场景，让读者代入其中，引发情绪共鸣。例如：

道路变得曲曲折折的，眼看着就要到天城山的山顶了，正在这么想的时候，阵雨已经把茂密的杉树林笼罩成白花花的一片，以惊人的速度从山脚下向我追来。那年我二十岁……②

5. 资讯型

资讯型开头是读者易于接受的内容形式，追求热点的时代，文章开头都会简单引入一条热点资讯。尤其是一些新闻媒体号、地方号、生活资讯号、专门做新闻评论的自媒体等，它们的文章开头经常是"发生了什么""最近，怎么样了"。例如：

央视新闻中曾有过这样的开头，九寨沟地震 14 名遇难者身份确定，一名母亲在央视新闻中发现失联女儿身影。

6. 提问型

疑问句总是能引起人们的好奇心，以提问开头的好处就是可以通过提问题的方式自然而然地导入文案的主题，这样不仅能引起受众的思考，还显得文案主旨鲜明、中心突出。

7. 金句型

在文章开头精心设计一则短小精炼、扣题又意蕴丰厚的句子，或使用名人名言、谚语或诗词等句子，来引领文章的内容，凸显文章的主旨及情感。金句一般具有言简意赅的特点，运用得当不仅能充分展示文案主题，还会让受众觉得撰写者有文采，文案充满吸引力，

---

① 摘自《工作室日常之一个悲伤的故事》。

② 摘自川端康成《伊豆的舞女》。

既能吸引读者，又能提高文案可读性。例如：

当你老了，头发花白，睡意沉沉，倦坐在炉边，取下这本书来，慢慢读着，追梦当年的眼神，那柔美的神采与深幽的晕影。

8. 权威型

权威开头是指借用权威作为媒介来表达自己的观点，包括权威机构、某行业著名人物以及调查数据、分析报告、趋势研究等权威资料，借此引领文章的内容。

如果要推广某款产品，则可以将其与影响力大的人物联系在一起，以此作为开头，这样对权威人士的信任就会关联到产品身上。

以上是常见的8种文章开头设计，此外还有其他设计方法，如观点型、现象型、定义型、细节型等，均可尝试，实践中灵活运用。

二、文案开头的注意事项

一篇文章的开头往往会因文章的类型而变化，情感类文章的开头多以讲故事为主，新闻资讯类文章的开头大多是引入一条资讯，实用类文章的开头则是直击读者痛点。撰写文案开头时需要注意以下几点。

（1）务必简洁。文案的开头一定要简短，不要给读者带来阅读压力。文案的开头就是钉子的"尖"，要让它足够简单，才能更容易刺进读者心里，这正是休格曼提出的文案开头的一个准则——简洁。

（2）节奏要快。开头切忌啰唆，要让读者知道文章要表达什么，否则他们很快就会失去耐心。需要作者通过快节奏调动读者激动的心，让他们快速沉浸到文案中。可以尝试多用清晰短句，多换行，让叙述更加紧凑。

（3）观点清晰。观点即态度，观点即爆点。写开头，要逻辑清晰，观点明确，可以把开头部分最核心的关键词或关键点都挑出来，查看它们是否在讨论同一个问题，还是有所偏题。

即便是那种永远猜不中结尾的转折文案或直到结尾才揭晓谜底的视频，它们每个部分也都是观点清晰的，因为有一个个清晰的观点，所以最终的结尾才是神来之笔。

（4）打开认知缺口。制造读者不知道却又想要知道的东西，塑造它的重要性，这就是打开认知缺口。文案开头需要打开用户的认知缺口，激发其兴趣。欲要卖米饭，就先制造饥饿感。

文案开头至关重要。开头如果能让读者好奇，让读者脑子里生出疑问，就会产生继续阅读的欲望。那些令人新奇的、令人困惑的、令人焦虑的、令人担忧恐惧的、令人重视的、颠覆常识的、留有悬念的、令人急切的天性就是打开认知缺口的利器。

任务三　正文的技巧

正文是新媒体文案或营销软文的主体，是对标题的扩展，是对开头的延续，是对文案核心内容的详细阐述和展开说明，是向目标用户进行内容展示和说服目标用户的过程。

正文的功能包括呈现完整信息、详细论证文案观点、根据主题需要营造氛围感和引导说服用户采取行动。

教学视频

一、文案正文架构

1. 总分式结构

总分结构是新媒体文案中比较常见的一种布局方式。其中，"总"是指文章的总起或总结，起点明主题的作用；"分"指的是分层叙述，即将中心论点分成几个横向展开的分论点，一一进行论证，然后逐层深入；最后呈现出一个发散的结构。

2. 片段组合式结构

片段组合式结构是将要体现共同主题的几个生动、典型的片段有机地组合起来，用于叙述事件，描写商品特点，烘托品牌。这种方法主要是以叙事的手法来写作，但注意每个片段的内容不要太多，且不能分散主题，一定要多角度地围绕主题进行展开推广。

3. 并列式结构

并列式结构一般从推广对象的各方面特征入手，不分先后顺序和主次，各部分并列平行地叙述事件、说明事物，或是以几个并列层次的中心论点的结构来书写。

它的各组成部分间是相互独立的、完整的，能够从不同角度、不同侧面来阐述推广的对象，即材料与材料间的关系是并行的，前一段材料与后一段材料位置互换，并不会影响到文案主题的表现。

各材料间联系紧密，可以共同为文案主旨服务，具有知识概括面广，条理性强的特点。

4. 递进式结构

递进式结构是把受众的问题一层层地剥离开，在论证的过程中做到层层深入、步步推进，一环扣一环，每部分都不能缺少，即正文中材料与材料间的关系是逐层推进、纵深发展的，后面材料的表述只有建立在前一个材料的基础上才能显示出意义。

递进式结构的文案具有逻辑严密的特点，其内容之间的前后逻辑关系和顺序不可随意颠倒。递进式结构的布局主要是针对一些比较复杂或生疏的产品，表现为对观点或事件的论证和讲述，常以议论体和故事体的形式写作，这种文案的重点内容都在文案的后半段。

二、文案正文的写作技巧

（1）挖掘新意，吸引眼球。想创作出吸引用户的文案，首先要挖掘新意，找到自己文案与他人文案的差异化并把它放大，让用户形成独特印象。

善于反向看待问题，从事物的背后寻找亮点，养成多角度、多维度思考的习惯，创意融合挖掘新意。

（2）结构得当，语言得体。要根据写作的中心及用户的特点，选择适当的文案结构。文案语言的语气、语调、语态及语言风格要符合用户的阅读习惯。

（3）坦诚对人，尊重用户。将用户视为亲切交谈的朋友，关注用户的需求，字里行间

体现对用户的尊重，实实在在地将真实信息传递给用户，不能过于夸张甚至虚假宣传，以免误导用户。

（4）情感联结，建立信任。要善于与用户建立情感上的联结，通过文案让写作者与用户产生情感共鸣，这样的情感联结容易让用户产生信任感，通过情感或理智引导产生的信任感对于商业目的的文案有重要作用，是文案变现的主要抓手。

任务四　结尾的技巧

相对于文案的开头与标题，设计文案的结尾相对简单，毕竟最中心的内容已经完成。

新媒体文案的结尾有两个作用，一是为了加深读者印象，当正文得出结论或态度后，结尾处再次强调，以便加深读者印象；二是引导读者行动，如提高文章的点赞、评论、转发等。一个精心设计的结尾总是能带来更高的转化率和营销效果。

一、文案结尾的设计方法

1. 转折式结尾

转折式结尾就是用出其不意的逻辑思维，使展示的内容跟结局形成一个奇怪的逻辑关系，从而得到一个能产生出人意料之效的写作方式，它能将正文塑造的气氛转变得干净利落，让人哭笑不得。这种写作方式常有奇效，这种氛围落差会在受众心里起到震撼效果，让受众惊叹于写作人员的构思独特，引起受众的讨论，在心中留下深刻的记忆。

2. 金句结尾

用名言警句或其他金句结尾的文案可以帮助受众深刻地领悟文案思想，引起受众共鸣，提升他们对文案的认同感。

名言警句一般都富含哲理，能起到警醒和启发的作用，帮助读者悟出文章核心，并引起读者共鸣，提高该文案的转发率，可谓一举多得。

3. 幽默结尾

幽默的语言总是讨大家喜欢，如果文案的结尾适当地诙谐幽默，则会让人会心一笑，带来非常愉悦的阅读体验。

4. 话题讨论结尾

在文案末尾采用话题进行提问也是常用的结尾方法，通过提问可以带着受众思考，激发受众的互动积极性，促进留言互动，从而增强文案的热度。

在结尾进行提问，一方面提问力度大于正面陈述，可以带着读者思考；另一方面可以在末尾提问后，发起互动，提升读者参与感。

5. 制造场景结尾

场景的塑造是一种环境影响，在一个场景氛围内很容易提升受众的情绪，截取合适的场景，最好是读者生活中的画面，让他们感同身受，从而真实地打动受众。

6. 总结性结尾

文章阐述完观点或表达了情感后，结尾再总结一次，就会加深读者的印象。结尾一般采用三段式：总结文章的关键词，列出真相的本质；升华，引起读者共鸣（金句）；呼吁读者立即采取相应行动。

7. 首尾呼应结尾

这类文章通常是在标题或文章开头提出观点，读者在阅读文章的时候，通常会被标题或开头的观点所吸引，结尾再呼应这一观点，加深读者对观点的印象。

8. 特殊形式结尾

（1）为下一篇做准备：这是系列文章的常用结尾，以便吸引读者留意下一篇文章。

（2）固定结尾：无论文章内容是什么，结尾的内容及其排版都不变化，目的是通过长期重复，给读者留下独特的印象，增加账号的辨识度。

（3）没有结尾：常见于介绍专业信息的文章。介绍完信息就结尾，干净利落，不拖沓。

二、结尾引发读者行动

文案结尾没有标题和开头难度大，没有正文内容复杂、逻辑严密，但结尾也承担了非常重要的任务——引发读者行动。

新媒体文案结尾除了总结全文以外，更重要的作用是在文末实现触动受众的作用，实现点赞、评论、转发等对新媒体文章数据非常重要的操作。

1. 引导关注和购买

引导关注和购买常用于软文的结尾处，通过找到文章内容与软文对象的共同特点，以此引导读者关注或购买。

2. 引导评论

在正文结束之后，加一句话引导评论，提高用户活跃度。

3. 呼吁行动

在讲述了观点之后，号召读者在实际生活中运用。

任务五 直通职场

新媒体文案或营销软文的写作是新媒体从业者的核心技能，本模块将整篇文案拆解为标题、开头、正文、结尾4个部分，分别讲述它们的设计方法、注意事项、写作技巧等，可满足新媒体运营、新媒体编辑、新媒体文案等岗位的初步需求。

任务六　1+X 实训案例

（一）任务目标

为标题为《你永远不会出名——但这不是什么问题》的文案写开头部分。

（二）任务背景

1+X 自媒体运营职业技能等级证书、1+X 新媒体运营职业技能等级证书明确要求会写一篇完整的新媒体文案和营销软文。

（三）任务分析

标题前半部分"你永远不会出名"讲述平凡的人生，后半部分"但这不是什么问题"讲述平淡才是真实。

可以在开头抛出一个普遍的现象，或者突然出现的现象，再或者很多人还没发现的现象，然后关联到正文上去，现象洞察得越透彻，效果越是惊艳。

例如，可根据题目参考如下开头部分。

现在的大学生都极其渴望改变世界，他们中的太多人都相信，有意义的人生都是惊世骇俗的，如成为公众人物、创业成功，或者是终结某个人道主义危机。

在网络上，惊世骇俗的人生比比皆是，但若认为这就是意义所在，那就大错特错了。过去五年里，我采访了几十个人，询问他们关于人生的意义。我也阅读了上千页心理学、哲学和神经科学的研究成果，希望能了解人类的满足感究竟来自何方。最终我发现，最有意义的人生，往往是平凡的。

（四）举一反三

文案开头用了引入现象的方法点明主题，本模块任务二提到了很多种文案开头的设计方法，也可以尝试使用其他方法，如讲故事、用悬念、用场景、提问等。

任务七　大赛直通车

电子科技大学第三届新媒体作品创作大赛于 2021 年 10 月正式开始，面向电子科技大学所有全日制在校学生。无论是自由撰稿的新媒体人，或是工作室的新媒体编辑，抑或是对新媒体感兴趣的在校学生，均可参加。

大赛主题为"奋斗百年路 启航新征程"，百年征程波澜壮阔，百年初心历久弥坚。回顾100年的沧桑巨变，缅怀先烈们的丰功伟绩，歌颂百年奋斗取得的辉煌成就，从党史这部浩瀚的历史长卷中汲取养分；站在新的时空坐标上，凝聚百年大党激荡新气象、展现新作为的向上力量，展现亿万人民鼓足精气神、奋斗新征程的全新图景，描绘全面建设社会主义现代化国家的壮美篇章。

规则及流程为各参赛队伍进行采编，围绕主题自拟题目，须为全新创作，如参考使用自身的原作品则不得超过30%，如使用网络内容则必须无版权争议，并在推送中注明来源和作者。

作品内容必须坚持正确的政治方向，站稳政治立场，传播正能量，弘扬主旋律。

营 销 实 战

2017年的5月20日是一个略显闷热，让无数情侣激动的日子，这一天，海尔公司的账号在微博平台举办了一场活动，竟收到了出其不意的效果。

"520"本身与海尔没有直接关系，但是海尔利用这一天的特殊含义在微博平台发起了"520"的表白活动，让普通用户参与转发抽奖，制造了一场浪漫的活动并实现了品牌传播。

微博本身是一个大流量池，利用"520"转发抽奖，引发用户的关注，爆炸性地传播，转发量达到36万次。

虽然微博抽奖很常见，但海尔品牌借助"520"的话题给用户带来一种幸福感，让用户体验到生活的趣味。

1+X 证书理论练习题

一、单选题

1. 用正反对比强烈的内容，利用两个相对立的事物或者观点来吸引读者的注意力，这是（ ）标题。

　　A. 提问式　　　　B. 冲突对比式　　　C. 悬疑式　　　　D. 利益式

2. 《你会把父母送进养老院吗？看看英国摄影师镜头下的老人》这一标题用到的技巧是（ ）。

　　A. 亮点前置＋设置悬念　　　　B. 直接引语＋犀利观点
　　C. 抛出好奇问题＋设置悬念　　D. 亮点前置＋陈述惊人事实

3. 《价值取向有问题的作品：评分再高,观众也不买账》这一标题用到的技巧是( )。

A. 亮点前置＋设置悬念　　　　　　　B. 直接引语＋犀利观点

C. 抛出好奇问题＋设置悬念　　　　　D. 亮点前置＋陈述惊人事实

4. "将要体现共同主题的几个生动、典型的片段有机地组合起来，用于叙述事件，描写商品特点，烘托品牌"，营销软文的这一正文架构是（　　　　）。

A. 总分式结构　　　　　　　　　　　B. 片段组合式结构

C. 并列式结构　　　　　　　　　　　D. 递进式结构

5. "把受众的问题一层层地剥离开来，在论证的过程中做到层层深入、步步推进，一环扣一环，每部分都不能缺少"，营销软文的这一正文架构是（　　　　）。

A. 总分式结构　　　　　　　　　　　B. 片段组合式结构

C. 并列式结构　　　　　　　　　　　D. 递进式结构

6. 警醒和启发读者，帮助读者悟出文章核心，并引起读者共鸣，提高该文案的转发率，这种结尾方式是（　　　　）。

A. 转折式结尾　　　B. 制造场景结尾　　　C. 幽默结尾　　　D. 金句结尾

二、多选题

1. 通常，营销软文可以被拆解为（　　　　）。

A. 标题　　　　　　　B. 开头　　　　　　　C. 正文　　　　　　　D. 结尾

2. 营销软文开头的注意事项包括（　　　　）。

A. 语言简洁　　　　　B. 节奏明快　　　　　C. 观点清晰　　　　　D. 打开认知缺口

3. 营销软文正文架构包括（　　　　）。

A. 总分式结构　　　　　　　　　　　B. 片段组合式结构

C. 并列式结构　　　　　　　　　　　D. 递进式结构

4. 以下属于营销软文正文写作技巧的有（　　　　）。

A. 挖掘心意，吸引眼球　　　　　　　B. 结构得当，语言得体

C. 坦诚对人，尊重用户　　　　　　　D. 情感联结，建立信任

5. 新媒体文案结尾的主要作用包括（　　　　）。

A. 给读者出其不意之感　　　　　　　B. 让读者感同身受

C. 加深读者印象　　　　　　　　　　D. 引导读者行动

6. 相对而言，比较能够引发读者转发和评论的结尾形式包括（　　　　）。

A. 固定结尾　　　　B. 话题讨论结尾　　　C. 首尾呼应结尾　　　D. 金句结尾

7. 营销软文的结尾想要引发读者的行动包括（　　　　）。

A. 点赞　　　　　　　B. 评论　　　　　　　C. 转发　　　　　　　D. 购买消费

8. 文案内容，尤其是结尾处，较好的关联读者才会让读者阅读后采取行动，关联读者的方法有（　　　　）。

A. 关联读者的行业领域　　　　　　　B. 关联读者的生活场景

C. 多用"你""自己"等词　　　　　　D. 加强代入感引发读者共鸣

三、判断题

1. 把热点事件写到标题里，文章的点开率就会相应提高。　　　　　　　　（　　　）

2. 营销软文的标题，要尽量包含悬念，能引发好奇心，或包含热点事件、颠覆观点。

（　　）

3. 标题是受众对文案的第一印象，标题质量直接决定了文章的打开率，新媒体文案的标题是决定该文案能否成功的关键。（　　）

4. 为了文章的打开率，标题要尽可能夸张、吸引眼球。（　　）

5. 写作营销软文的标题要有用户思维，站在目标用户的角度思考，揣摩读者会对什么类型的标题感兴趣。（　　）

6. 新媒体文案的开头具有承上启下的作用，既要与标题相呼应，又需要引导读者阅读后文。（　　）

7. 营销软文的标题和开头设计方法类似，都是通过悬念、热点、故事、场景等抓住读者的注意力和阅读兴趣，开头是标题的展开。（　　）

8. 相对于文案的开头与标题，设计文案的结尾相对简单，毕竟最中心的内容已经完成。（　　）

9. 新媒体文案结尾的最重要作用是正文得出结论或态度之后，结尾处再次强调，以便加深读者印象。（　　）

参 考 答 案

一、　1. B　　　　2. C　　　　3. B　　　　4. B　　　　5. D　　　　6. D

二、　1. ABCD　2. ABCD　3. ABCD　4. ABCD　5. CD　　6. BD　　7. ABCD　8. ABCD

三、　1. √　　　2. √　　　3. √　　　4. ×　　　5. √　　　6. √　　　7. √　　　8. √

　　9. ×

在线自测题

模 块 十

营销软文图文排版

学习目标

1. 知识目标
   （1）认识排版的好处。
   （2）理解排版的原则。
2. 技能目标
   （1）掌握具体排版方法，恰当处理字体间距和图片。
   （2）灵活运用至少一种排版工具。
3. 素养目标
   （1）充分做好排版前的准备工作。
   （2）尝试做一次图文排版并提供好的阅读体验。

思维导图

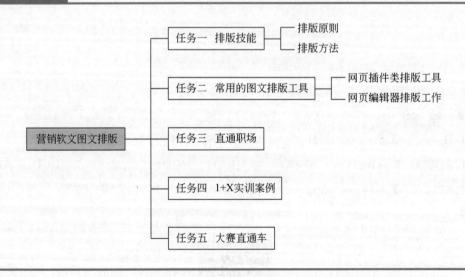

任务一 排 版 技 能

营销软文仅输出文案是不够的,还需要好的排版,来提升用户的阅读体验。排版之前,要明确排版是服务于内容的,排版的基本目的是方便用户阅读,附加目的是吸引兴趣用户,终极目的是传递品牌形象,不管想要实现哪一层目的,都需要基于用户的角度来思考。

一、排版原则

（一）排版的好处

1. 减轻阅读压力

如果一次性接收太多信息,人的眼球就会疲惫。尤其是一长串的大量内容,很容易让人厌烦,这样的文章很少有人愿意看下去。

2. 提高阅读效率

好的排版应分清主次、逻辑清晰,如果读者阅读很久也无法明白文章想要传达的观点,则会很容易失去耐心。

3. 提升阅读体验

排版是给原文提供好的包装,优化读者的阅读体验,将作品赋予美感,读者才会更愿意读下去。

4. 塑造品牌形象

排版的功能不止以上 3 个,更重要的是,保持统一的排版格式能塑造品牌形象,对读者形成潜移默化的品牌影响。

（二）排版的标准

优秀的排版,一般有以下 6 个标准。
（1）格式简洁大方,熟悉基础排版,清晰表达文章所要传达的信息。
（2）逻辑条理清晰,适当优化排版,突出重点,提高用户吸收效率。
（3）提升用户体验,注意减少干扰,避免过度排版。
（4）忠于原文的基本意图,能够更加清晰地表达作者想要表达的信息。
（5）提升用户的吸收效率,让文章内容更容易理解,段落清晰、重点突出。
（6）提升用户的视觉体验,给读者带来美的体验,对审美能力有一定要求。

（二）排版前的准备

1. 确定排版风格

在正式开始排版之前,要根据文章内容确定好整篇文章的排版风格。因为文章的风格

不同，使用的字体、字号、图片等都会不一样，这些元素都是为了渲染出文章想要的氛围而做的铺垫。

如果能确定好风格，就能确定整篇文章的阅读基调，是文艺清新还是高端简洁；是严谨质朴还是充满设计感；同样一篇文章，排版风格不一样，会给人完全不同的感觉。

有些账号运营时所有文章的排版都保持同一种风格，可以保持整体感、统一感，打造品牌效应。

总而言之，文章的排版风格，首先要遵循账号风格的要求，要与企业主题色彩保持一致，其次要符合账号、文章的定位，不能相差太远，给人不和谐的感受。

2. 合理使用文章编辑器

排版时可以借助各种文章编辑器，目前常用的几款编辑器里包含大量可用的素材，功能强大，使用方便，省去了作图的麻烦。但是长此以往，容易对编辑器产生依赖。

完全依靠编辑器排版，往往得不到自己想要的效果，排版水平提升较慢。只有理解了设计原理后，再去借助编辑器的力量，才能真正地让排版达到完美的融合，而不是没有章法、胡乱使用编辑器中的素材。自己的设计才是独一无二的。

3. 时刻以读者的需求为中心

只有内容迎合读者需求的时候，阅读量才会迅速上涨。排版同样要让读者认为舒适，他们才会继续阅读。

排版是优化文章阅读体验的最佳工具，它存在的意义就在于让读者更好地进行阅读，让文章更容易理解，不仅是为了美化阅读体验而已。读者需要看到什么，在排版的时候就尽量去满足读者的要求。

读者到底想要看到什么样的排版，其实读者自己也未必清楚，这就需要排版者努力挖掘、寻找读者最喜欢的风格，并且进行深入研究。

如何进行深入挖掘，这里提供以下三种解决思路。

（1）竞品分析：观察其他账号，调查目前哪种风格较受欢迎。

（2）聘请设计师：因为设计师具有专业技能，能设计出符合大众美感的图片，这是最安全的方法，也是代价比较高的做法。

（3）实践实验：发几篇不同风格的文章，关注阅读量、打开率、点击率等数据，看哪个接受度高就采用哪种风格。

二、排版方法

（一）字体设计

1. 选对字体

排版的第一步是选择字体，不同的字体有不同的特点，也适用于不同的风格。选对字体，不仅可以让排版事半功倍，还能营造出文章内容想要表达的氛围，例如，隶书能营造出古朴的氛围，如果换了黑体，应该是另一种风格。

2. 尽量不使用默认字体

宋体、黑体等默认字体，读者早已视觉疲劳，他们看到后会觉得很无趣，缺乏特点。运用一款设计新颖、有自身特点的字体，读者的大脑会被刺激一下，更有阅读欲望。

3. 使用两种字体

全文只使用一种字体会让文章看上去比较无趣，同时使用好几种字体又会使得视觉上眼花缭乱。

文章可以使用两种字体，一种用于标题，一种用于正文，这样会比使用一种字体更加通俗易懂，更有吸引力。注意尽量采用同一字族，每个字体的特色、刀锋等都尽量保持统一风格。

4. 字体与背景的配色

背景和字体不要使用近似的颜色，例如使用灰色背景，尽量不要选择同为灰色或者接近灰色的字体，这样的配色会对读者的阅读造成困扰；也不要使用对比度强的配色，如蓝色字体配上红色背景，对比过于强烈会给人造成不适感。

5. 字号的选择

一般情况下，字号应设置为 14px 或 15px，字号过大没有美感，字号过小容易引起视觉上的疲劳。

标题推荐使用 16px~18px（标题字号不可更改，文中小标题可更改）；正文推荐使用 14px~16px（14px 体现精致感）；标注推荐使用 12px~14px（与正文大小相同，或比正文稍小），如图 10-1 所示。

6. 文字色彩的使用

一级二级标题、二维码、配图、重点内容、头像、顶部和底部引导等都使用排版主色即可。

正文全部颜色最好不要超过 3 种，不建议使用纯黑（#000000）作为正文颜色，因为在手机端阅读时会比较刺眼，使用灰色会稍显温和。

标题：
凡是过去，皆为序章。（16px）
凡是过去，皆为序章。（17px）
凡是过去，皆为序章。（18px）

正文：
凡是过去，皆为序章。（14px）
凡是过去，皆为序章。（15px）
凡是过去，皆为序章。（16px）

标注：
凡是过去，皆为序章。（12px）
凡是过去，皆为序章。（13px）
凡是过去，皆为序章。（14px）

图 10-1　不同字号的对比

（二）留白的美感

留白一直是保持美感的重要方法，密密麻麻、不留空隙、挤在一起的文字会使人产生阅读疲劳感，而太过松垮的留白又会让人失去阅读的动力。

如何保持适中的留白成为排版的难题之一，留白可以分为字间距、行间距、段间距、页边距和对齐方式。

1. 字间距

字间距是指字与字之间的距离，字号越小，字之间的距离就要越大，以使文字易于辨认。相反，如果将字号调大，紧致的间距则使字符之间不会那么松垮，而更易阅读。常用值为 1~1.5 磅，混排处理时，单词、数字左右两边各预留 1 个空格。

2. 行间距

行间距是指行与行之间的距离。它同字间距一样，需要保持一个合适的距离，人们的视线移动是"Z"字形的，适当地保持行宽可以有效地避免大脑处理冗杂信息。常用值为 1.75 倍。

3. 段间距

一般情况下，段间距指段与段之间的距离。通常每段的上下都会空一行（使文章不过分拥挤），只有当两段文字都在论述同一件事情时才不会空行。常用值为，当 3~5 行为一

段时，会留有 1.5 倍段间距，注意小标题上下空白的间距要一致。

4. 页边距

页边距是指文章内容两端距页边的距离。建议两端缩进尺寸为 1.0px。

5. 对齐方式

对齐方式主要有左对齐、右对齐、两端对齐、居中对齐、菱形对齐等。

（1）左对齐。左对齐时左边会比较整齐，但是右边则相对凌乱，像锯齿一般粗糙。

（2）右对齐。右对齐新颖、有格调、时尚、有现代感，是一种高端、贵气的排版方式，一般很少使用。

（3）两端对齐。两端对齐会使得文章两边看起来更加整齐统一。但是在使用两端对齐时可能会使字间距比较奇怪，这个时候可以适当改用居中格式或左端对齐，并善用换行改善排版效果。

（4）居中对齐。居中型的排版，以短句居多，视线集中、整体感强，所以如果一行文字太长的话，就会使人疲惫，阅读体验变差，而且字数太多的话也会出现文字一行放不下的情况。通过以上分析，可总结出公众号的排版方法如图 10-2 所示。

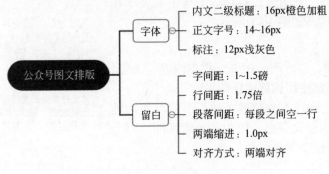

图 10-2　排版方法

（三）图片的运用

1. 照片

照片一般用于展现活动现场气氛，或者对文字内容进行补充说明。照片一般不用特意处理，直接放进正文即可。如果照片质量较差，则可以简单处理图片亮度、对比度，使得照片更加美观。

2. 表情包

在文章中插入表情包是一种很好的放松气氛的方法，一般使用当下比较流行的表情包，可以使文本不那么单调。

表情包一般需要在编辑界面调整大小，对于正方形的表情包，宽度大概占整个屏幕的二分之一到三分之一左右。

3. 网络图片

除使用照片和表情包外，还可以从网上找一些图片作为配图，配图能够大大提高内容的吸引力，图片的选用必须注意是否与内容定位相匹配。具体选题的素材库和作图方法可以复习模块六的内容。

4. 图文的布局

选好图片以后，要对图片和文字进行排版。

图片的排版方式主要有以下几种：上图下文、下图上文、左图右文、右图左文、图文环绕，如图 10-3 所示。

图 10-3 图文布局

（四）排版的其他事项

1. 标点符号的使用

对新媒体文章进行排版时，即便小到标点符号，如果乱用，也会给人造成不适感。例如有的文章不加标点符号，全用空格替代，阅读时就会给人造成困扰。

还有很多乱用标点的情况，很容易造成文义上的分歧，排版时要规范使用标点符号，才能正确传达文意。

2. 强调效果的使用

强调是指突出重点，也可以理解为"对比"，和谁做对比，怎么对比。

排版时常用的强调方式有增大字号、改变颜色、加粗、加下画线、使用斜体等方式，这些都可以产生不错的对比效果。

3. 排版的分段方法

有时候原文作者并不能把控好整篇文章的节奏，那么此时，排版编辑就必须帮助作者进行调整，以适应读者的阅读节奏，优化其阅读体验。

分段时保持段落主旨的单一性，一个主旨为一段；段落不宜太长，3~5 句为宜，不要超过 8 句，以免阅读疲劳；新媒体文案排版采用悬挂缩进，效果能更好一些。

任务二 常用的图文排版工具

有很多可用的排版工具，熟悉掌握三个以内的排版工具就足够工作所需。

一、网页插件类排版工具

插件类排版工具需要在官网下载安装插件，并且可以关联到公众号后

教学视频

台直接编辑，如壹伴等。

运营者通过壹伴官网下载插件并安装至浏览器即可使用，熟练运用壹伴插件的功能，可以大幅提升运营者的图文编辑效率，如图 10-4 所示。

图 10-4　壹伴官网

登录官网，根据浏览器提示下载并安装壹伴，安装完成后，微信公众号平台后台的首页中会增加数据统计、热点汇总及单篇文章数据统计等功能。

图文编辑功能栏中新增了一行编辑功能栏，其中，"一键排版"可以保存不同的排版样式，方便运营者对不同的图文采取一键排版，提高排版效率。

图文编辑页面的左右两侧分别增加了样式中心和扩展功能。右侧的扩展功能中提供了导入文章、导入 Word、配图中心、手机传图、生成长图、生成二维码等功能，能够极大地提高运营者的排版效率。

使用壹伴时要注意以下几点。

（1）不可以直接采集别人的配图、引导关注图、标语等，因为这些属于侵权行为。

（2）不管用什么插件排版，都需要先通过手机预览，检查最终的发布效果。

（3）随手记录常用的行间距、色号等数字，删减重复性工作。

永久链接的生成：加载壹伴插件后，在编辑页面的右下角，以及素材管理的文章封面会出现永久链接按钮，单击即可生成。

二、网页编辑器排版工具

网页编辑器排版工具在网页端打开官网即可操作，无须下载安装插件，使用起来较为方便，如秀米编辑器、135 编辑器、小蚂蚁编辑器、i 排版等。

1. 秀米编辑器

特点：操作便捷、界面美观、素材丰富；风格化排版，样式统一，整体效果好；排版灵活，可以随意拖动，如图 10-5 和图 10-6 所示。

秀米编辑器的左边是素材区，包括主题色、图文模板、图文收藏、剪贴板以及图库，如图 10-7 所示。

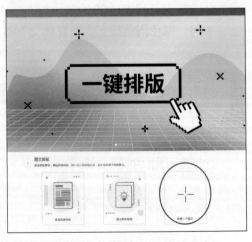

图 10-5　秀米编辑器界面

图 10-6　新建一个图文

封面处可以放入任何大小的图片。对于微信图文而言，封面图片的分辨率最好是 900×383 像素（首条封面比例为 $2.35 : 1$），或者是 383×383 像素（第二条之后的封面比例为 $1 : 1$），如图 10-8 所示。

图 10-7　素材区

图 10-8　封面图片

编辑操作区域以及一些基础的操作方式。编辑操作区域可以分成三个部分。第一个部分是封面信息，下方是正文编辑区域，在右侧有一些其他的辅助编辑的功能，如图 10-9 所示。

在正文编辑区的选项里，可对字体、字号、颜色、对齐方式、加黑、斜体等进行编辑，如图 10-10 所示。

固定工具栏按钮。工具栏默认显示于正文图文组件最上方，为了方便长文章的格式编辑，可以选择固定工具栏，确保工具栏在屏幕的显示位置不再随图文组件移动，如图 10-11 所示。

设置间距。对文章正文的行间距、字间距、段落间距、左右间距进行设置，如图 10-12 所示。

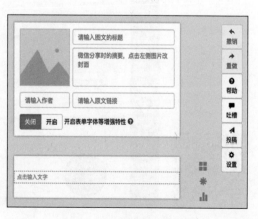

图 10-9　编辑操作区域

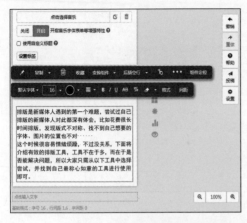

图 10-10　正文编辑区

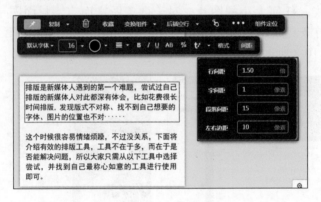

图 10-11　固定工具栏

图 10-12　设置间距

2. 135 编辑器

135 编辑器是一款基于微信公众号平台的在线图文编辑和排版工具,主要应用于微信文章、企业网站以及邮箱等,可以为企业提供个性化的定制服务,如图 10-13 所示。编辑界面从左向右依次为菜单栏、样式展示区、编辑区、功能区等。

演示动画

图 10-13　135 编辑器的编辑界面

使用 135 编辑器时共分为以下 6 个步骤。

（1）输入和编辑内容。

（2）设置布局和应用样式。

（3）配色。

（4）引导浏览。

（5）预览内容。

（6）完成并发布内容。

135 编辑器的特点为段落编辑功能较为全面，模板样式、字体数量、表情库、动图都非常多，图片编辑功能强大，如图 10-14 所示。

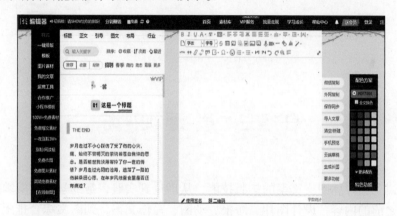

图 10-14　135 编辑器功能强大

3. 小蚂蚁编辑器

小蚂蚁编辑器的特点为样式素材非常多，还有一些使用工具，内含大量 GIF 和各种表情包，使用方便，如图 10-15 所示。

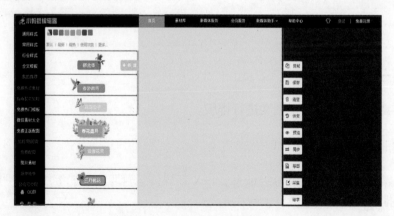

图 10-15　小蚂蚁编辑器界面

4. i 排版

i 排版的特点为网页布局比较简单，方便寻找功能；支持日常微信图文排版的基本功能，操作简单，如图 10-16 所示。

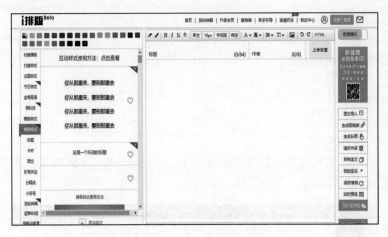

图 10-16　i 排版编辑界面

任务三　直通职场

本模块讲到新媒体图文文案的排版技能,从理论到实践,帮助学生切实掌握图文排版技能。结合之前的内容,设计图片、海报、动图,写作文案,到图文综合排版,新媒体行业的文案、编辑、运营等职位的基本技能已讲解完毕。

任务四　1+X 实训案例

(一)任务目标

用秀米编辑器为一篇指定图文进行排版。

(二)任务背景

1+X 自媒体运营职业技能等级证书、1+X 新媒体运营职业技能等级证书明确要求掌握新媒体图文排版技能。

(三)任务分析

秀米编辑器之前已详细讲解过,使用方便,操作难度不大,按照操作指引一步步进行即可。

（四）举一反三

不仅是秀米编辑器，壹伴、135 编辑器、小蚂蚁编辑器等工具均可使用，这些工具大同小异，熟练掌握一种就可以使用其他。

需要注意的是，不能过于依赖编辑器，应尽量自己设计版面，形成自己独特的排版风格，这样更有助于提高排版技能，增加辨识度。

任务五　大赛直通车

人力资源社会保障部与国家市场监管总局、国家统计局，于 2020 年 3 月联合向社会发布了新一批的 16 个新职业，其中就包括全媒体运营师。

拥有优秀的新媒体编辑排版和运营能力，以后在学校、企业或是政府等组织单位工作，也会是一个加分项。

为适应新媒体时代要求，提高广大学生的审美、阅读、创新、实践运用能力，强化高校学生对于图文内容的加工和排版能力，使其成为适于传播的信息载体，商丘工学院、武汉商学院、华东交院等众多高校举办了校园新媒体文案排版大赛。

以商丘工学院"第二季校园新媒体文案排版大赛"为例，以"我们"作为文案创作主题（承办高校若自拟规定主题，请以本参赛学校为准），围绕自己对该主题的理解写文章并进行图文设计排版。

参赛作品的第一种投稿方式如下。

单击"135 编辑器官网"→"学习成长"→"135 活动"→"第二季校园新媒体文案排版大赛中部站"→单击我要投稿。

参赛作品的第二种投稿方式如下。

单击"135 编辑器官网"→单击"编辑页面"→"我的文章"→选择"快捷投稿"（选择的活动是"第二季校园新媒体文案排版大赛中部站"）。

各位参赛者需要注意的是，尽可能制作一篇完整的投稿，即标题、摘要、封面图、作者等，尽可能全部填写。

参赛者通过一次投稿，完成"海选作品评选""决赛展示评选"两个阶段的竞赛，竞选出所在学校的一等奖、二等奖、三等奖、最佳人气奖、颜值新星奖等奖项。

营 销 实 战

不久前某平台上出现过一个热点话题：在如今流媒体时代，有料、有美感的物件最具"杀伤力"。

事实真就如此，尤其是公众号这种具备私域领域能力的平台，把账号内容经过精心设计后对外发布，非常具有"收割"能力。要做到有料有美感就要对内容做一定的设计和排版，只有精心设计过的内容才会得到用户持续的关注和支持。

文章内容文字密密麻麻，字体颜色五颜六色，确实会让用户心生厌恶。公众号排版如何算美观？内容和图片搭配合理，内容简约，图片清新，文章整体干净整洁。好的排版一定是让内容锦上添花，增加文章的整体阅读感，塑造账号的风格。

色调是灵魂，通过精心设计的色调排版展示公众号的个性。如某大健康头部账号，账号主色调为紫色，和头像色、品牌色形成呼应，文章的标题、链接等都围绕紫色系展开，让读者一眼就知道账号是谁，让用户阅读舒畅。另外，其文章字体字号也是固定格式：标题字体字号是默认字体 18 号，黑色、加粗；正文字体字号是默认字体 15 号，黑色，注释字体字号是默认字体 13 号，灰色。

1+X 证书理论练习题

一、单选题

1. 以下选项不属于排版原则的是（　　）。
   A. 简洁大方　　　　B. 条理清晰　　　　C. 风格华丽　　　　D. 提升用户体验
2. 排版前要做好的准备不包括（　　）。
   A. 聘请专业设计师　　　　　　　　B. 确定排版风格
   C. 思考是否使用编辑器　　　　　　D. 挖掘读者的需求
3. 能更好地营造出古朴风格的字体是（　　）。
   A. 黑体　　　　　　B. 宋体　　　　　　C. 草书　　　　　　D. 隶书
4. 以下属于网页插件类排版工具的是（　　）。
   A. 秀米编辑器　　　B. 壹伴　　　　　　C. 小蚂蚁编辑器　　D. 135 编辑器

二、多选题

1. 营销软文要做好图文排版，是因为好的排版可以（　　）。
   A. 减轻阅读压力　　B. 提高阅读效率　　C. 提升阅读体验　　D. 塑造品牌形象
2. 优秀的排版，需要具备（　　）。
   A. 忠于原文的基本意图　　　　　　B. 提升用户的吸收效率
   C. 样式多样，尽量华丽　　　　　　D. 提升用户的阅读体验
3. 图文排版时，关于字体和背景配色的问题，说法错误的是（　　）。
   A. 字体和背景不能使用相似色
   B. 可以用灰色背景黑色字体
   C. 字体和背景使用对比度强的配色效果比较好
   D. 对比度强的红背景蓝字体会给人造成不适感
4. 图文排版的留白主要包括（　　）的数据调整。
   A. 字间距　　　　　B. 行间距　　　　　C. 段间距　　　　　D. 页边距

三、判断题

1. 保持统一的排版格式能塑造品牌形象，对读者形成潜移默化的品牌影响。（　　）

2. 排版的基础目的是方便用户阅读，附加目的是吸引兴趣用户，终极目的是传递品牌形象。　（　　）

3. 图文排版考验排版者的审美，所以主要是从排版者的角度思考。（　　）

4. 文章排版之前，就要根据账号和文章的定位，确定好排版风格再着手进行。（　　）

5. 为了排版方便，尽量使用宋体、黑体等默认字体。（　　）

6. 排版为文字配色时，正文全部颜色最好不要超过3种。（　　）

7. 文章排版分段时段落不宜太长，3~5句为宜，不要超过8句，以免阅读疲劳。（　　）

8. 排版时重点部分可用增大字号、改变颜色、加粗、加下画线、使用斜体等方式表示强调效果。　（　　）

参 考 答 案

一、 1. C　　2. A　　3. D　　4. B

二、 1. ABCD　2. ABD　3. BC　　4. ABCD

三、 1. √　　2. √　　3. ×　　4. √　　5. ×　　6. √　　7. √　　8. √

在线自测题